Vera F. Birkenbihl

Stroh im Kopf?

Falls Sie noch mehr Birkenbihl 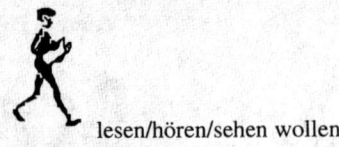 lesen/hören/sehen wollen

Die Bücher von
Vera F. Birkenbihl bei mvg:

Vera F. Birkenbihl

Stroh im Kopf?

Gebrauchsanleitung fürs Gehirn

Die Deutsche Bibliothek – CIP-Einheitsaufnahme
Birkenbihl, Vera F.:
Stroh im Kopf? : Gebrauchsanleitung fürs Gehirn / Vera F.
Birkenbihl. – 34. Aufl., 20. Aufl. dieser Ausg. –
Landsberg am Lech : mvg-verl., 1999
    (mvg-Paperbacks ; 367)
    ISBN 3-478-03670-4
NE: GT

34. Auflage 1999
(Seit der 8. Auflage in der Reihe „mvg-Paperbacks",
1.–7. Auflage in der GABAL-Schriftenreihe und dort auch weiterhin erhältlich)
Lizenzausgabe mit freundlicher Genehmigung der GABAL-Verlag GmbH

Das Papier dieses Taschenbuches wird möglichst umweltschonend hergestellt.
Es ist sauerstoffgebleicht.

Umschlaggestaltung: Vierthaler & Braun, München
Illustrationen: Vera F. Birkenbihl
Gesamtherstellung: Presse-Druck Augsburg
Printed in Germany 030 670/3993502
ISBN 3-478-03670-4

Inhaltsverzeichnis

Vorwort

zur 9. mvg-Auflage

Natürlich freut es mich ungemein, daß in zehn Jahren bereits **18 Auflagen** dieses Buches erschienen, davon **neun Auflagen** im Original-Verlag (GABAL), während der "Rest" auf die vorliegende Taschenbuch-Lizenz-Auflage entfällt. Besonders schön ist es, daß viele Eltern, Ausbilder, Trainer und Lehrer das Buch inzwischen weiterempfehlen! Denn "Mundwerbung" ist immer die ehrlichste…

Die 6. Auflage dieses Buches war vollkommen überarbeitet worden. Seither enthält es weit mehr Hilfestellungen für gehirn-gerechtes[1] Vorgehen in der täglichen (auch beruflichen) Praxis, so z.B. meine Methode für das **Namens-Gedächtnis** sowie zahlreiche Tips zur beruflichen Kommunikation oder Hinweise, wie bestimmte Menschen als Mitarbeiter und Chefs "gelagert" sind (Kap. 2). Somit ist dieser Text für **Führungskräfte** und **Verkäufer/Berater** bzw. für Menschen, die regelmäßig informieren oder verhandeln müssen, genauso hilfreich wie für **Ausbilder, Trainer** und **Lehrer.** Die Informationen in diesem Buch lösen bei Führungskräften in Wirtschaft und Industrie immer wieder tiefe Aha-Erlebnisse aus, wenn sie nämlich erstmals begreifen, wie viele Botschaften zwangsläufig an Kunden, Mitarbeitern oder Kollegen vorbeigehen müssen, weil sie das Gehirn des Empfängers gar nicht erreichen können! Dies gilt für eine (im letzten Moment lieblos erstellte) Gebrauchsanweisung für technische (erklärungsbedürftige) Produkte genauso wie für Briefe an Kunden, Memos, Rundschreiben an den Außendienst sowie für jedes Verkaufs-, Beratungs- oder Motivierungs-Gespräch! Teil der Zielgruppe für dieses Buch waren und bleiben natürlich besorgte Eltern[2] und lernwillige Menschen jeden Alters.

---

[1] Mit *gehirn-gerecht* meine ich, daß unser Vorgehen der natürlichen Arbeitsweise des Gehirns entspricht, statt dieser entgegenzuwirken (Lernstreß und Versagen).

[2] Eltern möchte ich auf mein Buch *Stichwort: Schule – trotz Schule lernen!* hinweisen, vor allem wegen der dort angebotenen **Lernspiele!**

Die Erfahrungen der letzten zwei Jahrzehnte bei Seminaren, Tagungen und Kongressen zeigen, daß es leicht ist, gehirn-gerecht denken zu lernen; daher der Untertitel: *Gebrauchsanleitung fürs Gehirn!* Denn dieses Buch hilft Ihnen, das phänomenale Instrument in Ihrem Schädel optimal zu nutzen sowie das Gehirn anderer optimal anzusprechen. Man kann dem Gehirn nämlich weit mehr zutrauen (Gedächtnis, Intelligenz, Kreativität), wiewohl es ohne Anleitung geliefert wurde. Es ist allerdings mindestens so erklärungsbedürftig wie der kleinste Computer, der jedoch mit einem dicken (meist unverständlich formulierten) Handbuch geliefert wird.

Übrigens haben Seminar-Teilnehmer wiederholt darum gebeten, die Gehirn-Informationen sollten auch auf Kassette erhältlich sein. Dann könne man Menschen im Unternehmen sowie im Familien- und Freundeskreis, die wenig Zeit (oder Lust) zum Lesen haben, ähnlich wie im Seminar zu dieser wichtigen Thematik hinführen. Es freut mich, daß wir inzwischen die ersten *didaktischen Hörspiele* (Reihe: *Vom Gehirn-Besitzer zum Gehirn-Benutzer*) anbieten können (vgl. Hinweise S. 175).

Da dieses Buch aus der praktischen Seminarerfahrung heraus gewachsen ist, wird es Sie immer wieder zur aktiven Mitarbeit auffordern. Wenn etwas zu notieren ist, dann begegnet Ihnen dieser Bleistift:

Zum einen handelt es sich dabei um kleine Aufgaben, die man zum Zeitpunkt des Lesens (oder sobald wie möglich) ausprobieren sollte, weil sie eine Technik aufzeigen. Und es gibt einen Trainings-Plan (im 8. Kap.), welcher Sie, unabhängig vom Haupttext, zu gehirn-gerechtem Denken hinführt (wenn Sie dieses Training durchlaufen). Erfahrungsgemäß reichen einige Minuten Training pro Tag, um auch den hartnäckigsten **Gehirn-Besitzer** innerhalb weniger Wochen zu einem echten **Gehirn-Benutzer** zu machen. Danach gilt die Regel, daß der neue Denk-Stil durch regelmäßiges Praktizieren bald immer besser gelingen wird.

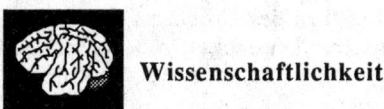 **Wissenschaftlichkeit**

Eine Frage, die Seminarteilnehmer immer wieder stellen, lautet: *Inwieweit sind die hier angebotenen Informationen denn nun wirklich "wissenschaftlich"?* Erlauben Sie mir bitte einen Hinweis, ehe ich diese Frage beantworte: Wenn wir mit "wissenschaftlich" meinen, daß eine Erklärung in alle Ewigkeit als unumstößlich gelten soll, dann gibt es überhaupt keine "absolut sicheren" Erklärungen. Denn die Wissenschaft kommt laufend zu neuen Erkenntnissen; dies galt in den ersten Jahrzehnten dieses Jahrhunderts besonders für die "exakten" Wissenschaften, deren neue Paradigmen zunehmend "unsauberer" wurden. Wer also absolute Sicherheit wünscht, muß den von KIERKEGAARD geforderten Sprung in die Absurdität wagen und sich dem bedingungslosen *Glauben an etwas* hingeben! Daher möchte ich die Frage wie folgt beantworten:

Erstens schreitet auch die Gehirnforschung stetig voran, so daß manche Aussagen wenig später wieder in Frage gestellt werden. Insbesondere das letzte Jahrzehnt dieses Jahrtausends wird als **Jahrzehnt des Gehirns** in die Geschichte eingehen; gerade jetzt kündigen sich dramatische Entwicklungen an (vgl. nächsten Absatz)! Zweitens geht es mir in diesem Buch vor allem darum, Ihnen zu helfen, Ihr Gehirn in Zukunft effizienter zu nutzen! Wie die Erfahrungen gezeigt haben, *sind* die hier angebotenen Ansätze als **Denk-Modelle** außerordentlich hilfreich, um besser zu denken (merken). Denn sie bieten eine Vorstellung von der Arbeitsweise des Gehirns an, welche wir gezielt verändern können (wodurch Verhaltensänderung möglich wird). Somit haben diese Informationen einen erwiesenen **praktischen Nutzen**. Trotzdem schreitet die Wissenschaft fort. Die erste große Forschungsphase hatte klar gezeigt, daß der "normale" Mensch viel mehr aus seinem Gehirn herausholen kann, um seine "normalen" Denk- und Merkaufgaben der täglichen Praxis weit besser zu bewältigen. Das ist das Thema dieses Buches. Die neuesten Erkenntnisse hingegen bieten völlig neue Ansätze! Natürlich sind sie immer (noch) spekulativ, aber es zeichnen sich doch schon aufregende Möglichkeiten ab, die unser gesamtes Selbstbild sowie unser bisheriges "Bild" des Gehirns ändern können. Zum Beispiel:

1. Bisher meinte man, nur die Nervenzellen (die grauen Zellen) bewirkten "intelligente" Prozesse, aber die Hinweise mehren sich, daß die (weißen) **Gliazellen** nicht nur stützend (und ernährend) wirken, sondern daß sie an den eigentlichen Informations- und Denkprozessen maßgeblich beteiligt sind. Da die weißen Zellen den größten Teil des Großhirns ausmachen, könnte es sein, daß unsere Gehirn-Kapazität um einige Größenordnungen gewaltiger ist als bisher angenommen.

2. Des weiteren hat man festgestellt, daß unsere Nervenzellen — entgegen bisherigen Annahmen — sehr wohl auch beim Erwachsenen noch wachsen und sich entwickeln können. Allerdings erhöht sich dadurch nicht die Menge der Zellen im Gehirn, sondern ihre Struktur: Erstens werden Zellkörper von benutzten Zellen dicker (wie genutzte Muskeln stärker werden), und zweitens kann auch das erwachsene Gehirn neue Verbindungen zu anderen Zellen schaffen. **Wer sein Gehirn nicht nutzt, dessen Gehirnzellen "schrumpfen".** Da die meisten Erwachsenen zunehmend geistig träge werden, meinte man bisher, die Gehirnmasse müsse im Alter quasi automatisch "weniger" werden. **So entstand das Märchen, daß unsere Gehirnzellen laufend absterben.** Dies führte zu der Vorstellung, daß ältere Menschen zwangsläufig geistig "behinderter" werden müßten, wobei man einzelne Menschen, bei denen dies nicht zutraf, als "Ausnahmen" ansah. Diese Vorstellung haben wir dann als selbsterfüllende Prophezeiung "wahr" gemacht. Inzwischen aber wissen wir, daß auch Senioren mit über 70 Jahren ihre Gehirnleistungen enorm "ankurbeln" können, wenn sie trainieren. Dabei hat sich ebenfalls gezeigt, daß ihre **Gehirnmasse wieder zunimmt** sowie, daß die elektrischen Aktivitäten im Gehirn sich verändern! (Übrigens sind Übungen wie die Aufgaben des achten Kapitels als Gehirn-Training hervorragend geeignet.)

3. Neuere Forschungen weisen darauf hin, daß die Aktivitäten des Gehirns von außen "angekurbelt" werden können, und zwar sowohl durch bestimmte Ton-Frequenzen (z.B. Ton-Kassetten) als auch durch Lichtimpulse, wobei **Ton** und **Licht** gekoppelt möglicherweise phänomenale Ergebnisse erzielen (sog. optisch-akustische Geräte). Falls es in Ihrer Nähe bereits ein **Gehirn-Studio** gibt, könnten Sie dort eine sogenannte **Mindmachine** einmal ausprobieren...

4. Eine Form von Gehirn-Geräten basiert auf **Elektro-Stimulation**, welche die Produktion bestimmter Gehirn-Hormone anregt. Beim "normalen" Menschen wird diese Hirnsubstanzen-Produktion durch eine Reihe von Giften (Nahrungsmittelzusätze, Nikotin, Alkohol, Drogen) blockiert. Wenn

man nun durch Elektro-Stimulation den Gehirn-Hormon-Haushalt wieder
in Ordnung bringt, führt dies zu teilweise drastischen Resultaten: **Drogen-
Entzug** (Heroin) innerhalb von zehn Tagen (ohne die üblichen Entzugs-
Erscheinungen), Schmerzbehandlung bei chronischen Kopf- oder Rücken-
schmerzen, gesundem Schlaf und vielem mehr. Zwar stehen wir erst an der
Schwelle dieser Entwicklung, aber wenn diese ersten Ergebnisse sich bestätigen, könnte es sein, daß in Zukunft jeder Gehirn-Benutzer in weit stär-
kerem Maße als bisher seine Gehirn-Prozesse (auch physiologische) selber
steuern wird!

Wie gesagt, wir stehen an der Schwelle eines neuen Gehirn-Zeitalters. Wer
sich für diese neuen Entwicklungen interessiert, sei auf einige Autoren
hingewiesen:

HOLLER, Johannes — *Das Neue Gehirn*
HOOPER/TERESI — *Das Drei-Pfund-Universum*
HUTCHISON, Michael, *MEGABRAIN – Geist und Maschine*
PEARCE, Joseph Chilton — *Der nächste Schritt der Menschheit*

 **Danksagung:**

Großen Dank schulde ich meinen **Seminarteilnehmern**, deren (gerade
kritische) Anregungen oft sehr fruchtbar waren. Besonders die Seminare
für Manager waren sehr nützlich, um wichtige Schlußfolgerungen aus der
Gehirn-Forschung in den beruflichen Alltag einzubringen.

Sehr dankbar bin ich Frau **Reggie** und Herrn Prof. **Eddie MEIER** in St.
Gallen; zum einen, weil sie es mir ermöglichten, einige meiner Gedanken in
ihrem Institut erstmals auch auf italienisch und französisch zu präsentieren,
und zum anderen, weil sie selbst dieses Gedankengut in drei Sprachen
"weitertragen". *Merci, chers amis, & mille grazie!*

Und ein Kollege, Mr. **Paul SMITH** aus London, war bei der Entwicklung
einiger dieser Ideen immens hilfreich. Er hat die seltene Gabe, "ernsthaft-
albern" und/oder "kreativ-ernst" sein zu können! Paul: *Thanks a lot for all
the great associations which happened while we were thrashing ideas
around, laughing our heads off and still producing results!*

Immensen Dank schulde ich meinem Vater, **Michael BIRKENBIHL**, weil er die besondere Fähigkeit hat, Informationen leicht verständlich aufzubereiten, so daß ich immer profitierte, wenn ich als Kind tausend Fragen stellte (wiewohl ich erst Jahrzehnte später begriff, *was* seine Art zu erklären so erfolgreich machte)! Vati, Du hast immer bewiesen, daß es *keine trockene Theorie*, nur trockene Theoretiker gibt! Dadurch hast Du mir die Möglichkeit gegeben, viel später (aus Deinem intuitiven Können *und* dem offiziellen Wissen der Gehirn-Forschung) die Synthese dessen zu entwickeln, was ich *gehirn-gerecht* nenne!

Ich möchte übrigens an dieser Stelle darauf hinweisen, daß ich 1970 in den USA den Begriff *brain-friendly* (später deutsch: *gehirn-gerecht)* "erfunden" habe; viele Menschen, die diesen Begriff inzwischen laufend verwenden, wissen dies höchstwahrscheinlich gar nicht! Im Jahre 1985 kam der Ausdruck *hersenen-vriendelijk* (NL) hinzu und 1988 kreierte ich fürs Französische den Begriff *cerveau-phile*...

Ihnen, liebe Leser, wünsche ich ...

viel Erfolg und Freude sowohl beim Durcharbeiten dieses Textes als auch, und ganz besonders, danach. Denn dann werden Sie sich selbst beweisen, **wie phänomenal Ihr eigenes Gehirn arbeiten** kann, und das schafft Erfolgs- und Glücksgefühle einer ganz besonderen Art.

Ihre

Vera F Birkenbihl

Vera F. Birkenbihl, Odelzhausen b. München   Sommer 1993

Kapitel 1
Das alte Lernen

Bitte prüfen Sie, inwieweit dieses Buch für Sie persönlich interessant sein wird. Wie oft antworten Sie mit JA bzw. NEIN?

Kleine Inventur

1. Hätten Sie gerne ein besseres <u>Gedächtnis</u>? (sowohl für Wissen Daten, Fakten als auch für Namen?)   [] Ja [] Nein
2. Möchten Sie gerne effizienter <u>lesen</u>?   [] Ja [] Nein
3. Sind Sie an einer Systematik interessiert, die das <u>Lernen</u> von Neuem ungeheuer erleichtern kann?   [] Ja [] Nein
4. Möchten Sie gerne Informationen so weitergeben können, daß Ihre Hörer (Leser) <u>fasziniert</u> sind?   [] Ja [] Nein
5. Möchten Sie gerne <u>kreativer</u> sein?   [] Ja [] Nein
6. Würden Sie, als Nebenprodukt des vorliegenden Textes, gerne (naturalistisch) <u>zeichnen</u> können?   [] Ja [] Nein
7. Möchten Sie in der Lage sein, "<u>trockene Theorie</u>" so aufzubereiten, daß Lernen im alten[1] Sinne des Wortes kaum noch nötig wird?   [] Ja [] Nein

Ich habe ⬚ **mal Ja und** ⬚ **mal Nein gesagt.**

Übrigens: Falls Sie alle Fragen ehrlich verneinen konnten, gratuliere ich Ihnen. (Vielleicht kennen Sie jemanden, dem Sie dieses Buch geben möchten?) Die meisten Menschen werden jedoch mehrere Fragen bejahen müssen. Warum?

---

[1] Also Pauken, Büffeln, stures Auswendiglernen und häufiges *Wiederholen* der Information! Diese Art von Lernen werden wir das "alte" Lernen nennen.

Erinnern Sie sich! Das Kind hat noch keine Lernprobleme. Es steckt jeden Erwachsenen in die Tasche, wenn es darum geht, Neuem zu begegnen, es zu analysieren und aufzunehmen! Das Kind ist neu-*gierig* (d.h. *gierig* nach Neuem!!), es ist von allem fasziniert, es will alles kennenlernen und begreifen! Es lernt die Muttersprache spielerisch und mühelos! Genau so leicht lernt es Körper-Koordination (Ballspielen, Seilhüpfen, Radfahren) oder das Hantieren mit unzähligen Gegenständen (Spielsachen, Geschirr, Besteck, TV, Kassettengeräte, Telefon, Zeichenmaterial, etc.).

Darüber hinaus lernt jedes Kind natürlich unendlich viel mehr! Weder leidet es an einem "schlechten Gedächtnis" noch beklagt es sich über die ungeheure Menge an Informationen, die es tagtäglich verarbeiten muß! Seine Fähigkeiten zu zeichnen verbessern sich laufend, ebenso wie seine intellektuellen Leistungen. Und jetzt stellen Sie sich einen "typischen Erwachsenen" vor!

Angenommen, unser Planet würde von Wesen einer anderen Welt analysiert, dann könnten die Außerirdischen zu folgendem interessanten Schluß kommen: Sie könnten nämlich denken, der normale erwachsene Mensch gehöre einer anderen Gattung an als das Kind, denn der Erwachsene hat die Neu-*gierde* weitgehend verloren! Darum stellte John HOLT[2] fest, kein moderner Staat bräuchte "Feinde", denn:

> Kein Feind könnte sich eine diabolischere Art uns zu schaden ausdenken als unser Schul- und Ausbildungs-System, welches auf höchst effiziente Art verhindert, daß seine Absolventen jemals ihr volles geistiges Potential entwickeln und nutzen können! Aber die Regierungen der westlichen zivilisierten Industrieländer wollen ja in Wirklichkeit gar keine "mündigen Bürger", die wirklich kritisch mitdenken und, vor allem, intelligente und dringend notwendige Fragen stellen können.

Wie sieht der Geistesarbeiter aus, den unser System produziert? Nun, er meint, an einem *schlechten Gedächtnis* zu leiden, wiewohl es das gar nicht gibt. Jeder Mensch, der einem Gespräch ohne Probleme folgen kann, und der seine Freunde auch nach Jahren wiedererkennt, der hat kein schlechtes

---
[2] Siehe bitte Literatur-Verzeichnis

Gedächtnis, nur ein schlecht *genutztes*! Der normale erwachsene Gehirn-Besitzer, der dieses unglaublich leistungsfähige Instrument in seinem Schädel nicht optimal zu nutzen weiß, findet Informations-Aufnahme (Lernen) in der Regel schwer! Er hat eine zu geringe Meinung von seinen geistigen Fähigkeiten. Die wenigen Leute, die sich ihre Fähigkeiten besser erhalten konnten, bezeichnet er als "Genies", also als außerdurchschnittlich begabt.

Das ist so, als würde der Fahrer dieses Wagens die höheren Gänge seines Fahrzeuges nie nutzen! Wobei es besonders schlimm ist, wenn dieser Fahrer dann noch behauptet, die wenigen wirklich guten Fahrer von Sportwagen besäßen ein besseres Fahrzeug, während seines eben nicht mehr leisten könnte!

Solange wir meinen, fähige Kopfarbeiter seien von Grund auf anders "gebaut" als wir, solange werden wir eigene vorhandene Fähigkeiten nie wirklich aktivieren! Und solange wir meinen, wir hätten ein schlechtes Gedächtnis, so lange stehen wir uns selbst im Weg! Denn: Der Gehirn-Besitzer wurde durch unser Schul- und Ausbildungs-System geschleust. Dieses aber tötet die Lernfähigkeit, es hemmt die Kreativität sowie die Fähigkeit, intelligente und interessierte Fragen zu stellen! Unser Bildungs-System behindert freudiges Lernen mit Faszination, es schafft den Gehirn-Muffel (der Opfer dieses Prozesses ist!). Für die Vergangenheit ist er als "Opfer" des Ausbildungs-Systems nicht verantwortlich, aber die Zukunft liegt sehr wohl in seiner eigenen Hand!

Energieverlust beim alten Lernen!

Stellen Sie sich bitte vor, Sie möchten etwas lernen, z.B. Vokabeln oder andere isolierte Daten/Fakten. Dabei gehen Sie so vor, wie Sie es in der Vergangenheit gelernt haben. Warum aber strengt diese Art zu lernen so an? Warum ist sie so frustrierend? Denken Sie bitte mit! Sie haben eine gewisse Energie-Menge, die Sie zum Lernen einsetzen können.

a) ursprünglich vorhandene Lernenergie:

Wenn Sie gerade gestreßt oder müde sind, ist diese Energie-Menge geringer, als wenn Sie sich frisch und ausgeruht fühlen. Aber, egal wieviel Energie Sie derzeit in diesen Lernprozess investieren können; nennen wir sie die *Lernenergie*. Und stellen wir sie uns als Rechteck vor, welches die vorhandene Menge symbolisieren soll. Kurze Zeit nach Arbeitsanfang bemerken Sie die ersten (Konzentrations-)Schwierigkeiten. Sie fühlen sich frustriert. Diese Unlust-Gefühle lösen jedoch die Aktivität des uralten sogenannten *Reptiliengehirns* (MacLEAN) aus.

Dieses Reptiliengehirn bereitet den Organismus bei Gefahr oder Unlust automatisch auf Kampf oder Flucht vor, es löst jetzt Streßhormone[3] aus, die immer mit Denk-Blockaden (VESTER) einhergehen. Also blockiert das Reptil in Ihnen Ihr (intelligentes) Großhirn, welches Sie aber zum Lernen benötigen. Dieser Widerstand, den Sie erleben, kostet Kraft, wie jeder weiß, der sich schon einmal geärgert hat. Diese Kraft aber müssen Sie von der ursprünglich vorhandenen Lernenergie "finanzieren":

b) Widerstände (Streßhormone) blockieren:

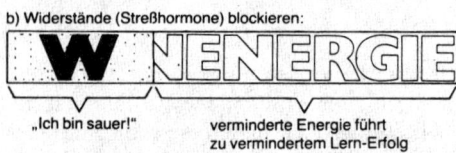

„Ich bin sauer!"   verminderte Energie führt
zu vermindertem Lern-Erfolg

Nun verbrauchen Sie ca. ein Drittel[4] Ihrer Lernenergie mit Widerstand! In Bayern würde man Ihre Stimmung so beschreiben: *Jetzt stinkt er Ihnen, daß Sie lernen müssen.* (Für Nicht-Bayern: Jetzt sind Sie sauer, ...) Wenn Sie nun aber intelligent sind, dann beginnt jetzt der Tragödie zweiter Teil: Sie *merken* nämlich, was da abläuft! Sie merken, wie der Widerstand Ihre wertvolle Energie "verbrät" und gegen erfolgreiches Lernen ankämpft. (Jetzt stinkt er Ihnen, *daß* er Ihnen stinkt!) Dieser *zweite* Widerstand kämpft aber jetzt gegen den ersten.

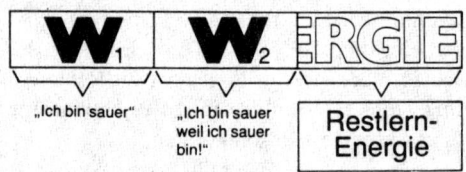

„Ich bin sauer"   „Ich bin sauer   Restlern-
weil ich sauer   Energie
bin!"

Jetzt müssen Sie bereits ca. zwei Drittel (oder mehr!) Ihrer wertvollen Lernenergie vergeuden (für Widerstand 1, der gegen Widerstand 2 an-

---

[3] Genaugenommen werden die Streß-Hormone durch das Limbische System ausgelöst, aber dieses reagiert auf ein Signal des Reptiliengehirns, sodaß wir vereinfacht sagen können, das Reptil in uns löse die Streß-Hormone aus.

[4] Dies ist ein Denk-Modell! Natürlich kann sowohl weniger als auch mehr als ein *Drittel* Ihrer Lernenergie für diesen Prozess benötigt werden!

kämpft)! Dies aber verstärkt die Denk-Blockade im intelligenten Großhirn (dem Kortex), wie auch die Frustrations- und Unlustgefühle. Obendrein kommen Sie sich langsam aber sicher noch "doof" vor! (Nach dem Motto: Das kapiere ich nie!) Der Rest an Lernenergie, der Ihnen verbleibt, kann die Lern-Arbeit ja gar nicht optimal bewältigen, insbesondere wenn Sie bedenken, daß die Denk-Blockaden Ihr Großhirn sehr effizient am Arbeiten hindern. Also beweisen Sie sich mit dem kümmerlichen Rest an Lern-Energie wieder einmal, daß Lernen furchtbar "schwer" ist und am besten gleich ganz unterlassen werden sollte! Q.E.D. (Oder: Was zu beweisen war!)

Wenn Sie das nächste Mal wieder etwas lernen müssen, dann sehen Sie, daß Sie sehr wohl fähig sind, aus der Vergangenheit zu lernen. Denn, Sie "wissen" ja aufgrund ähnlicher Erfahrungen, daß Lernen ziemlich "schwierig" ist. Damit aber ist der gefährliche Teufelskreis installiert: Sie erleben jetzt jedesmal, wenn Sie wieder lernen sollen (wollen), die sich selbsterfüllende Prophezeiung: Sie beweisen sich jedesmal von Neuem, daß es nicht (besonders gut) geht! Bei Schülern sprechen wir dann vom Schul-Streß; sehr viele Erwachsene entziehen sich dieser Streß-Situation ganz einfach, indem sie sich standhaft weigern, Neues zu lernen! Und das passiert tagtäglich in diesem unserem Lande (der Dichter und Denker)!

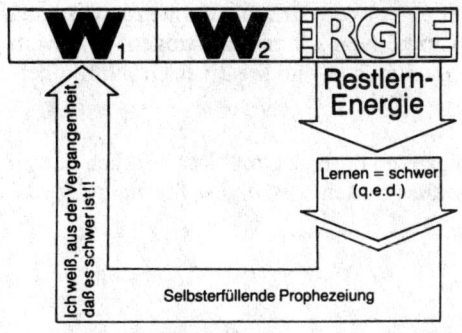

Der Teufelskreis schließt sich.
Er führt zu „schlechtem Gedächtnis", „Schulstreß", etc.

Dieser Teufelskreis ist durch unsere Erfahrungen in Schule und Ausbildung entstanden. Dort werden Informationen nämlich auch heute noch überwiegend halb-hirnig angeboten! Nur wehrt sich das Gehirn gegen diese Vorgehensweise!

Bitte beantworten Sie diese drei Fragen: 1. Haben Sie sich nicht irgendwann einmal, intuitiv und ganz zu Recht, gegen die sture Büffelei von Vokabeln,

Jahreszahlen, Formeln etc. *gewehrt*? 2. Hat man Ihnen nicht immer wieder *gesagt*, es ginge eben nicht anders?! 3. Hat man Sie nicht *zwingen* müssen, bestimmte Vorgehensweisen zu akzeptieren, die Ihnen "gegen den Strich" gingen?

Wenn man lernt, Informationen gehirn-gerecht aufzubereiten, dann spart man bis zu zwei Dritteln der Energie, die in der Vergangenheit für die Finanzierung von Widerstand 1 und Widerstand 2 völlig sinnlos verbraten wurden, und außerdem erspart man sich das unnötige Erleiden der Unlust-gefühle, mit denen diese Widerstände ja immer einhergehen. Jetzt erleben Sie stattdessen (bei gehirn-gerechtem Lernen) sogar wahre Hoch-Gefühle!

Das gleiche gilt für Menschen, die *Sie* informieren, beraten, belehren möchten: Wenn Sie es gehirn-gerecht sagen/schreiben, dann begreift der andere schnell und merkt sich Ihre Worte leicht. Das gilt für das Schreiben eines Memos genauso wie für die Gebrauchsanweisung eines technischen Produktes! Das gilt für Besprechungen und Konferenzen, für Verkaufs-gespräche (oder Unterricht)! Als wahrer *homo* (Mensch) *sapiens* (weise) können Sie lernen, Ihr Hirn optimal einzusetzen. Ein Mensch aber, dessen Kampf-*Hormone* sein Denk-Hirn häufig blockieren, gleicht oft weniger einem *homo sapiens* als vielmehr einem von Streß-Hormonen gesteuerten Wesen, das ich *hoRmo sapiens* nenne! Nun könnte man fragen, wofür ein *hoRmo sapiens* sein gewaltiges, intelligentes und kreatives Großhirn über-haupt im Schädel spazierenträgt?

Wenn wir die unglaublichen Fähigkeiten unseres Großhirns wirklich nutzen wollen, müssen wir ein wenig darüber wissen, z.B. *daß es förmlich danach schreit, lernen zu dürfen.*

Ihr Gehirn -
das unglaubliche Lern-Instrument!

So, Sie glauben also, daß es an Ihrem Gehirn liegt, wenn Sie über Ihr schlechtes Gedächtnis klagen? Nun, wir wollen einmal die Gehirne von drei Lebewesen miteinander vergleichen. Und zwar das Gehirn eines Vogels (bzw. Reptils), das Hirn eines einfachen Säugers (Kaninchen) und letztlich das des Menschen[5].

---

[5] vgl. hierzu auch SCHIRM/SCHOEMEN/WAGNER, s. Literatur-Verzeichnis im Anhang

Zunächst das Vogel-(bzw. Reptilien-)hirn: Es ist vollgestopft mit *biologischen Programmen*. Sie können mit der Hardware bei einem Computer verglichen werden, denn sie sind direkt ins Gehirn hineingebaut, sozusagen hineinverdrahtet.

Hirnanatomisch besitzt ein Vogel (fast) ausschließlich das sog. Reptiliengehirn. Es ist so angelegt, daß ganze *Verhaltensmuster* biologisch vor-programmiert (also angeboren) sind. Ein Huhn schlüpft aus dem Ei und weiß, wie es Körner picken muß. Es kann trinken und seiner Mutter auf eigenen Füßen folgen. Es "weiß" also bereits bei der Geburt eine Menge, aber in seinem "Spatzenhirn" ist für neue Informationen aus der Umwelt, für neues Verhalten, *also für Lernen,* nur wenig Platz.

Anders sieht es aus, wenn wir das Gehirn eines Kaninchens betrachten: Hier finden wir nämlich noch ein Zwischenhirn (*Limbisches System*). Über diesem befindet sich bereits ein "kleines" Neuhirn, welches sich beim Menschen zu einem hochqualifizierten Organ entwickelte[6].

Das Limbische System kann als Erfinder von Lernen (bzw. Gedächtnis) bezeichnet werden, denn diese Hirnstruktur ermöglicht es einem Organismus, aus Erfahrungen zu lernen. Dadurch aber wird man unabhängiger von eingebauten biologischen Programmen, so daß sich die Überlebens-Chancen erhöhen. Das Großhirn kann die Wahrnehmungen des Zwischenhirns verfeinern und hat (später in unserer Evolution) selbst gelernt, Gedächtnis zu "machen", aber eigentlich beginnt das Gedächtnis bereits mit dem Limbischen System.

---

[6] Es hat z.B. noch keine Hirnwindungen wie beim Menschen. Bei uns hat die Natur nämlich das Wunder vollbracht, ein Riesenhirn (wie ein Seidentüchlein in ein ausgeblasenes Osterei) in unseren Schädel "hineinzufalten", während Neuhirne bei einfachen Säugern noch glatt sind.

Das Kaninchen: Wir sagen vereinfachend, daß es zu ca. 50 % mit biologischen Programmen "gefüllt" ist, während ca. 50 % seiner Hirn-Kapazität bereits Lernen zuläßt. (Exakte Prozentzahlen sind natürlich nicht zu ermitteln; dies ist ein Denk-Modell.) Jedenfalls kann ein Kaninchen weit mehr von seinen Eltern und von der Umwelt lernen als ein Vogel oder Reptil! Damit kann es sich auf neue Umwelteinflüsse einstellen, im Gegensatz zu den Dinosauriern, deren Reptiliengehirn eben diese Umstellung anscheinend nicht zuließ, was letztendlich (gemäß *einer* Theorie) ihr Aussterben auslöste!

Der *homo sapiens* besitzt ebenfalls ein Reptilien- und Zwischenhirn sowie das bei ihm immens ausgebildete Neu- oder Großhirn (auch Kortex genannt). Der Kortex ist für "typisch menschliche" (sog. *höhere*) Prozesse zuständig. So ermöglicht er z.B. das abstrakte Denken, das Umgehen mit Symbolen (Sprache, Mathematik, formale Logik, Notenschrift u.s.w.).

Außerdem laufen im Großhirn Prozesse ab, welche in uns ein "Gewissen" entstehen lassen (Moral/Ethik). Damit aber wird der Mensch in höchstem Maße von Lernprozessen abhängig! Er hat nur ein Minimum an biologischen Programmen "mitbekommen"[7], dafür aber ein Maximum an Lernfähigkeit!

Fast jedes Verhalten sowie jede Meinung des Menschen muß durch Lernprozesse erworben werden. Die ungeheuren Kapazitäten des Gehirns können daher erst durch Lernen genutzt werden! Je besser jemand lernen kann, desto intelligenter wird er zwangsläufig sein. Intelligenz bedeutet u.a. (neue) Fakten wahrnehmen, bekannte Fakten miteinander verbinden, sie analysieren und Schlüsse ziehen sowie aus Fehlern lernen. Ohne die phänomenale Leistung eines normalen Gedächtnisses wäre das nicht möglich. Allerdings lautet einer der wenigen biologischen Befehle: *Lerne! Lerne laufen! Lerne sprechen!*[8] *Lerne denken!* Deshalb ist das Kind ja so *begierig*, Neues aufzunehmen.

Erst die Tatsache, daß unser Gehirn ein so phantastisches Lern-Instrument ist, erlaubt es uns, in jeden von unzähligen Kulturkreisen hineinzuwachsen bzw. auch später noch, in eine andere Kultur überzuwechseln. Kurz: Unser Gehirn schreit förmlich danach, lernen zu dürfen!!

Wußten Sie eigentlich, daß Lernprozesse, wie *alle* Überlebens-Mechanismen), zunächst mit Lustgefühlen verbunden sind? Kinder erleben angenehme Gefühle, wenn sie die Welt untersuchen oder wenn sie ihre Umwelt nachahmen. Erst wenn diese Umwelt das Lernen-Wollen immer wieder bestraft, werden solche Aktivitäten mit Unlust assoziiert. *Laß das! Stell das sofort wieder hin! Faß das nicht an! Frag nicht soviel!* Und in der Schule: *Male nicht ins Buch! Sitz still! Lerne Vokabeln! Sprich nicht mit den anderen Kindern!* Dadurch aber wird die angeborene Fähigkeit zum Lernen unterdrückt! Man wird zum Gehirn-Muffel gemacht! Und später wird man sich laufend beweisen, wie "schwer" lernen oder lesen bzw. wie "dumm" man selbst anscheinend ist (*das kapiere ich nie!*) und wie *unangenehm* das alles doch ist! Daraus resultiert das "schlechte Gedächtnis"

---

[7] Falls Sie hierüber etwas differenzierter nachdenken wollen, so sei Ihnen das MERKBLATT Nr. 1 (Anhang, S. 153) empfohlen: Sozio-Biologie

[8] Neueste Forschungen lassen annehmen, daß unser Gehirn nicht nur auf das Sprechen der Muttersprache, sondern auch für Lesen und Schreiben angelegt ist!

sowie die Angst vor dem Lernen, kurz: die Gehirn-Muffelei. Ein Gehirn-Muffel aber ist kein wahrer *homo sapiens* mehr; wohl deshalb sagt der Talmud: *Ein Mensch, der nicht mehr lernen kann, sollte eigentlich sterben.*

Manchmal ist es jedoch nötig, Bekanntes zu bezweifeln! So muß der Gehirn-Muffel die "Tatsache", daß Lernen schwer ist, in Frage stellen, wenn er den Teufelskreis durchbrechen will. Das meinte ALEXANDER VON HUMBOLDT vielleicht, als er sagte

> Kühner, als das Unbekannte zu erforschen,
> kann es sein, das Bekannte zu bezweifeln.

Nur wenn es gelingt, das Gehirn als Lern-Organ zu betrachten, wiewohl diese Auffassung der bisherigen zuwiderlaufen mag, hat man den wichtigen ersten Schritt aus der Gehirn-Muffelei heraus getan!

Die LAMRON K.G.

Bitte stellen Sie sich einmal vor, Sie wären Unternehmensberater. Der Chef der Firma LAMRON K.G. hat Sie geholt, weil seine Firma, die auf geistige Arbeit spezialisiert ist, nicht so gut arbeitet, wie Herr Lamron sich das wünscht.

Zunächst stellen Sie fest, daß es zwei Abteilungen gibt, eine für analytische Vorgänge (Sammeln und Analysieren von Daten/Fakten) und eine für kreative Prozesse (innovative Forschung). In jeder Abteilung gibt es ein Büro und in jedem dieser Räume sitzt ein Mitarbeiter, der das Büro leitet; links der Herr Links und rechts die Frau Rechts[9]:

---

[9] Natürlich könnte man ebenso von *zwei weiblichen* Mitarbeitern ausgehen oder von *zwei Männern*. Wir werden in diesem Buch immer von Herrn Links sprechen, aber den Leiter der rechten Abteilung in diesem Büro mal als Herrn, mal als Frau Rechts bezeichnen. Warum dies so ist, wird später noch ersichtlich, außerdem hilft es Ihnen, Ihr Denken flexibel zu halten!

Lamron K.G.

Desweiteren stellen Sie fest, daß Herr Links total überlastet ist, während der Mitarbeiter im rechten Büro oft arbeitslos herumsitzt, frustriert Däumchen dreht oder ganz einfach Zeitung liest.

Lamron K.G.

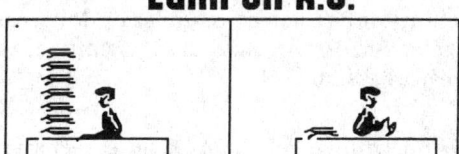

Der Chef der LAMRON K.G. hat sich darüber beschwert, daß die Mitarbeiter häufig lustlos, de-motiviert, geistesabwesend, unkonzentriert wirken und daß er daher Mittel und Wege suche, sie zu Hochleistungen zu motivieren. Nun, unser Berater weiß, was bei der LAMRON K.G. nicht in Ordnung ist. Wissen Sie es auch?

Das Problem der LAMRON K.G. ist das Problem vieler Firmen: *Falsche Delegation*! Der eine Mitarbeiter erstickt in Arbeit, während der andere sich überflüssig vorkommt. Herr Links ist "im Streß", weil er zuviel tun muß; Frau Rechts ist aber ebenfalls "im Streß", weil sie nur zu selten arbeiten darf. Beide Mitarbeiter sind hochkarätige, wenn auch unterschiedlich "gelagerte" Spezialisten! Das Problem der LAMRON K.G. ist dadurch zu lösen, daß eine saubere Arbeitsplatzbeschreibung erstellt wird, aus welcher hervorgeht, wer von den beiden für was zuständig ist. Also: Welche Tätigkeiten sollen die zwei im Team ausführen, und für welche Spezial-Arbeiten soll man jeden einzeln verantwortlich machen?

Warum stelle ich Ihnen hier ein Motivations–Problem vor? Oder: Wer ist der Chef der LAMRON K.G.? Wofür steht diese Firma überhaupt? Dreimal dürfen Sie raten, ehe Sie weiterlesen.

Nun, wahrscheinlich haben Sie es erraten ... Der Gehirn-Besitzer, d.h. also *Sie* selbst sind der Chef der LAMRON K.G. (Falls Sie nicht sechs oder sieben der eingangs gestellten Fragen verneinen konnten!) LAMRON heißt NORMAL – nur eben rückwärts! Wenn Sie sich also vorwärts entwickeln wollen, dann sollten Sie auf den Unternehmensberater hören, damit Ihre Mitarbeiter im Gehirn in Zukunft so richtig motiviert und mit Arbeitsfreude loslegen dürfen!

Also delegiert der normale Mensch die Arbeit falsch an sein Gehirn! Diese Art der Delegation hat er in Schule und Ausbildung gelernt. Der Gehirn-Muffel hat de-motivierte "Mitarbeiter" im Hirn. Deswegen erscheint ihm der Gedanke, unser Gehirn sei zum Lernen geschaffen worden, zunächst absurd!

Aber, jetzt folgt der Clou: Da unser Gehirn zum Lernen geschaffen wurde, können wir natürlich auch neue Vorgehensweisen erlernen! Wir können unsere ursprünglich vorhandene Lernfähigkeit neu entdecken und erfolgreich entwickeln lernen! Um aber die "Mitarbeiter" im Gehirn in Zukunft besser einzusetzen, müssen wir wissen, wofür die beiden nun besonders geeignet sind: Die beiden "Spezialisten" symbolisieren nämlich die Arbeitsweise der beiden Großhirn-Hälften.

Unser Großhirn ist   doppelt angelegt. Wenn man von oben in den Schädel schauen könnte, würde man die beiden Hirne ähnlich einer Walnuß (die ja ebenfalls in der Mitte eine tiefe Furche aufweist) sehen.

Der Hauptunterschied ist der, daß links die Sprache "verarbeitet" (aufgenommen und produziert) wird, während die rechte Hirn-Hemisphäre für Bilder und Analogien (Gleichnisse bzw. Vergleiche) zuständig ist.

Man spricht von digitaler Informationsverarbeitung (links) im Gegensatz zur analogen (rechts).

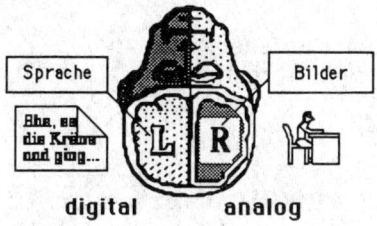

Achtung: *Digitale Informationen sind Informationen, die nur der versteht, "der sie versteht"*! Was heißt das? Nun, digitale Informationen, wie die Zahl "5" oder das Wort *fünf* (oder *five* oder *cinq*), erklären sich ja nicht "von selbst". Wenn ich Ihnen hingegen eine Analogie gebe, indem ich Ihnen die fünf Finger meiner Hand *zeige*, dann verstehen Sie sofort. Und zwar unabhängig davon, ob Sie diese Zahl in Ihrem Kopf mit dem Etikett *fünf*, *five* oder *cinq* bekleben. Sie können die Ziffer auch schreiben. Welche Schreibweise Sie wählen, das hängt aber davon ab, was Sie gelernt haben:

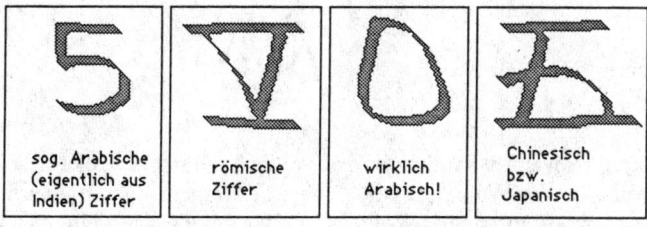

Oder denken Sie an die Wahlnacht; früher bekamen wir die Ergebnisse der Hochrechnung DIGITAL (das Wort leitet sich von Engl. *digit = Ziffer* ab), z.B.:

CDU/CSU	48,8 %
SPD	38,2 %
FDP	6,9 %
GRÜNE	5,6 %
andere	0,5 %

Alle Arten von Info, die ein sogenannter Digital-Computer ausdrucken kann, werden in der linken Hemisphäre bearbeitet: Also Zahlen (gesprochen, geschrieben) oder Symbole (wie z.B. das Prozent-Zeichen sowie Symbole in der Mathematik, den Naturwissenschaften etc.):

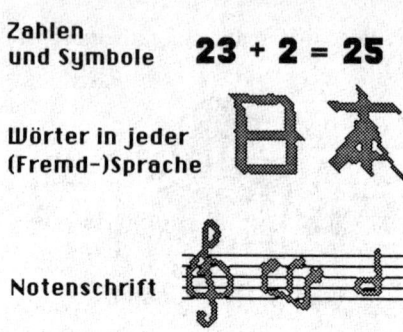

Digital-Informationen (also auch Worte) *kann nur der verstehen, der sie früher einmal gelernt hat.* Deshalb sagte Gregory BATESON so treffend:

Die Zahl *Fünf* ist ja nun nicht *fünf*-artig,
ebenso wenig wie das Wort *Haus*
uns an ein solches erinnert!

Übrigens, wenn wir noch einmal an die Wahlnacht denken: Je besser man bereits vor der Wahl "im Bilde" war, desto mehr konnte man mit den Zahlenkolonnen anfangen. Wenn man aber gerade nach einem mehrjährigen Aufenthalt im Ausland heimgekehrt war und deshalb nicht wußte, wie sich die Parteien derzeit "machten", dann konnte man nicht leicht "ein Bild" aus diesen digitalen Symbolen ableiten! Also gilt:

Es fällt uns umso schwerer, uns Zahlenwerte (oder Daten, oder Formeln) zu merken, je weniger Informationen wir vorab besitzen! Daher bietet es sich an, den Sinn einer Formel *vorher* bildhaft (oder durch ein Experiment) zu erläutern, oder im Unterricht historische Zahlen durch einen TV-Spot oder einen Film-Ausschnitt zunächst mit Bildern dieser Epoche zu verbinden, bzw. Zahlenwerte bildlich, also analog aufzubereiten.

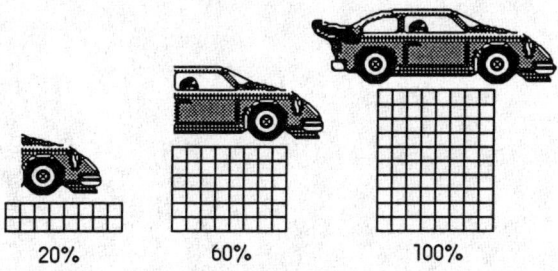

20%   60%   100%

Noch einmal zurück zur Wahlnacht (oder zu informativen Sendungen, in denen Zahlenwerte vermittelt werden sollen): Bekommen wir das Bild vom ANALOG–Computer, dann sind wir durch sogenannte CHARTS sofort ins BILD gesetzt worden! CHARTS sind Abbildungen, die vor allem die Relation einzelner Zahlenwerte bildlich aufzeigen (z.B. als Kuchen, Fieberkurve, Balken-Diagramm etc.). Diese Art der Informations-Vermittlung ist gehirn-gerecht, weil sowohl die digitale als auch die analoge Hemisphäre (=Hälfte) des Gehirns gleichzeitig informiert werden. Und damit dürfte die Grund-Idee klar sein:

Wenn man nur mit *einem* Mitarbeiter im Kopf "redet", dann fällt es dem Gehirn-Besitzer (und Chef dieses Mitarbeiters) schwer, diese halbhirnige Info zu begreifen. Dann meint er entweder, die Information sei schwierig (trocken!) oder er habe eben kein gutes Gedächtnis bzw. eine schlechte Auffassungsgabe.

Alle Arten von Info, die ein Analog–Computer uns anbieten kann, werden von der rechten Hirnhälfte verarbeitet, also z.B. Bilder, Analogien und Charts (sie zeigen Relationen und Zusammenhänge auf). Rechtshirnig sind Fallstudien, an-*schau*-liche Beispiele, Gleichnisse[10], Denk-Bilder, Experimente und Piktogramme etc.

---

[10] Warum, glauben Sie, haben die großen Meister der Vergangenheit (Buddha, Jesus, Zen- und Sufi-Meister) in *Gleichnissen* gesprochen? Weil sie damals noch keinen Overhead-Projektor (Wandschreiber) hatten. Also "malten" sie ihre Bilder eben mit Worten. Dies ist vor allem für Menschen wichtig, die viel telefonieren!

Kapitel 2

Digital & analog
im doppelten Gehirn

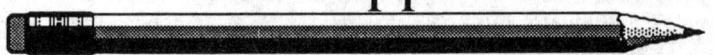

Wir haben bereits gesehen, daß das Verständnis erleichtert wird, wenn der Sprecher/Schreiber das ganze Hirn des Hörers/Lesers "anspricht". Was aber passiert eigentlich, wenn wir ein Wort begreifen? Angenommen, Sie hören/lesen *skull*. Sprechen Sie Englisch, dann verstehen Sie, weil Herr Links das Wort digital analysiert und Herrn Rechts "sendet", der jetzt sofort im Archiv sucht und nachschaut, ob Sie zu diesem Begriff bereits ein *Bild* besitzen. Wenn ja, dann "sendet" er Ihnen dieses, und Sie haben *sofort* begriffen:

Sollte ich Ihnen jedoch das arabische Wort (s. nächste Seite) zeigen, dann haben Sie zu diesem digitalen Begriff höchstwahrscheinlich noch kein Bild in Ihrem Archiv, das der Mitarbeiter im rechten Hirn verwaltet.

Nun beginnt unser Spezialist (rechts) uns verzweifelt *Fragezeichen* zu senden, welche wir bei *einem* Begriff als vages Unlustgefühl wahrnehmen. Enthält eine Botschaft aber mehrere solcher unverständlichen Wörter, dann beißt uns der Frust schon sehr deutlich! Übrigens sind solche "schwierigen" Begriffe häufig Wörter (bzw. Vor- oder Nachsilben) aus dem Lateinischen oder Griechischen. Nun ist das Deutsche die einzige Sprache, die ich kenne, die ein "einfaches" Niveau für jedermann hat (*Empfänger, Reiz*) und ein "höheres" Niveau für Gebildete (*Rezipient, Stimulus*). In allen romanischen Sprachen und im Englischen gibt es nur einen Begriff; so kann man bei uns leicht einem Fach-Spanier aufsitzen, selbst wenn man schon Fach-Chinese ist. Zum Beispiel:

> Die relative Effizienz kumulierter Kommunikationssubstrate basiert auf der funktionalen Relation zwischen der absoluten Kapazität des Rezipienten und dem quantitativen Thesaurus offerierter Informationen.

Diese Art von halbhirnigem Digital-Geschwafel finden wir bevorzugt bei Autoren, deren Ziel es nicht ist, ihre Leser zu *informieren*, mitnichten! Sie wollen *publizieren*. Und darin liegt ein gewaltiger Unterschied.

Was hat der "komische" Satz (oben) tatsächlich ausgedrückt? Antwort: Zwei Gesetzmäßigkeiten erfolgreicher Gesprächskunst, über die nachzudenken sich auf alle Fälle lohnt. Nehmen wir zunächst den *Rezipienten* (das Wort *Empfänger* hätte ja jeder sofort verstanden) und stellen ihn uns als Huhn vor. Die *kumulierten Kommunikations-Substrate* sind *angesammelte Botschaften* für diesen Empfänger. Die Mitteilungen werden durch Körnchen symbolisiert.

viel Information   wenig Information

Je mehr Körnchen vorhanden sind, desto mehr wird das Huhn fressen. Mit anderen Worten: Heute findet das normale "Huhn" (der Mensch) weit mehr Informationen als noch vor 30 Jahren (Radio, TV, Zeitungen, Zeitschriften, Magazine, Illustrierte). Also ist er einfach deshalb informierter als anno dazumal, weil mehr "Körnchen" vorhanden sind.

Je weniger Körnchen vorhanden sind, desto größer ist die Wahrscheinlichkeit für jedes der wenigen Körnchen, daß es gefressen wird. Für die Praxis: Sagen Sie dem Kunden nicht gleich neun Vorteile Ihres Produktes auf, nennen Sie lieber drei, die ihn wirklich interessieren. Damit haben Sie eine hohe Wahrscheinlichkeit, daß er diese drei auch "frißt"! Geben Sie Ihren Mitarbeitern nicht gleich zwölf neue Informationen auf einmal, sondern unterteilen Sie die Besprechung lieber in mehrere Blocks (getrennt durch Mini-Pausen) und bieten Sie in jedem Zeitabschnitt nur einige wenige "Körnchen" an, wenn Sie wollen, daß man Ihre Infos auch "fressen" wird!

Der Satz (oben) war aufgrund der Fremdwörter so "schwierig". Aber es sind beileibe nicht immer lateinische und griechische Wörter! Denn:

Wann immer man einen Begriff nicht versteht, weil unser rechtes Hirn hierzu noch keine Vorstellung besitzt, wird dieser Begriff schwierig, auch wenn er eigentlich ganz einfach wäre. So begreifen unzählige Kunden bestimmte branchen- und firmenspezifische Begriffe oder Abkürzungen nicht, weil sie hierzu noch keine Vorstellung im rechten Hirn haben.

Experiment:
Sie finden auf der nächsten Seite einen Satz im Kasten. Lernen Sie ihn bitte (jetzt gleich!) auswendig, aber stellen Sie dabei fest:

Wieviel Zeit haben Sie benötigt?

Antwort: _____ Minuten.

Wie oft mußten Sie den Satz wiederholen?

Antwort: _____ mal.

Notieren Sie bitte die exakte Startzeit: Es ist jetzt

_____ Uhr.

Drehen Sie das Buch auf den Kopf und lernen Sie den Satz bitte jetzt auswendig!

> EIN ZWEIBEIN SITZT AUF EINEM DREIBEIN
> UND ISST EIN EINBEIN. DA KOMMT EIN
> VIERBEIN UND NIMMT DEM ZWEIBEIN DAS
> EINBEIN WEG. DA NIMMT DAS ZWEIBEIN
> DAS DREIBEIN UND SCHLÄGT DAS VIER-
> BEIN.

Jetzt gibt es zwei Möglichkeiten:

[] A: Ich hatte Probleme. Ich mußte den Satz mehr als dreimal wiederholen, oder:

[] B: Ich habe den Satz sehr schnell gelernt. Dabei mußte ich ihn nur 1 – 2 mal durchlesen.

Bitte lesen Sie nachfolgend denjenigen Abschnitt, der sich auf Ihre gerade gemachte Erfahrung bezieht.

A Ich hatte Probleme. Ich mußte den Satz mehr als dreimal wiederholen. Wenn Sie in diese Kategorie fallen, haben Sie es schön brav so gemacht wie in der Schule: Sie lasen die einzelnen Wörter, also die digitalen Symbole und Sie haben krampfhaft versucht, diese in Ihre linke Hirnhälfte einzuspeichern. Diese Art der sturen Paukerei aber macht den Spezialisten rechts "arbeitslos", während der linke "überlastet" ist und sich dagegen wehrt! Also kämpft Widerstand 1 gegen Widerstand 2 (vgl. Kapitel 1). Wenn Sie hingegen *beide* Hirnhälften im Team einsetzen, dann wird Lernen (im alten Sinne) unnötig. *Bitte lesen Sie noch den B-Text!*

B Ich habe den Satz sehr schnell gelernt. Dabei mußte ich ihn nur 1 – 2 mal durchlesen. Wenn Sie in diese Kategorie fallen, dann haben Sie sich selbst ein Bild gemacht; d.h., Sie haben den rechten Spezialisten mit einbezogen. Z.B. haben Sie einen Menschen (Zweibein) gesehen, der auf einem Schemel (Dreibein) sitzt und ein Einbein ißt (an einem Hühnerbein nagt). Dann kommt ein Vierbein (Hund) ... u.s.w. Diese Bilderfolge können Sie (wie einen Zeichentrickfilm) auch in einem halben Jahr wieder rekonstruieren; d.h. Lernen (im alten Sinne des Wortes) ist unnötig! Sie können's ja schon!

Wieder sehen wir: ohne Vorstellung geht es nicht! Apropos *Vorstellung*: Nehmen Sie das Wort bitte wörtlich: Man *stellt* etwas *vor* das geistige Auge hin, um es zu betrachten.

Optimal wäre es, wenn Sie, ehe Sie weiterlesen, noch ein wenig experimentieren würden. Vielleicht können Sie jetzt gleich einige Leute anrufen (falls Sie allein und ohne Gesprächspartner sind). Sagen Sie allen diesen "Versuchskaninchen" den Zweibein–Satz auf und bitten Sie die Personen, den Satz auswendig zu lernen! Aber: Sie verraten nichts von dem Bild! Wenn Sie diesen Versuch durchführen, werden Sie die Ergebnisse (wie Tausende von Seminarteilnehmern) mit Sicherheit bestätigt bekommen:

A Die meisten Menschen sind Gehirn–Muffel: Sie sind (zunächst) unfähig, die rechte Hirnhälfte aktiv mit einzubeziehen! Also muß man ihnen den Satz fünf-, sechs- oder gar siebenmal vorsagen, bis sie ihn "mit Hängen und Würgen" nachsprechen können. Wenn man sie drei Wochen später wieder anruft und sie bittet, den Satz zu wiederholen, werden sie sauer!

B Die wenigen Menschen, die ihr Gehirn erfolgreich einsetzen, machen sich sofort und automatisch ein Bild. Sie haben keine Lernprobleme, und sie können den Satz auch Wochen später wieder rekonstruieren!

Im folgenden Abschnitt werden wir uns die Arbeitsweise der beiden Hirn-Hemisphären etwas näher ansehen. Dabei gilt: Wenn wir *links* sagen, könnten wir *dominant (= herrschend)* sagen. Die *rechte* Hirnhälfte wird in der Gehirn-Forschung oft *sub-dominant* genannt. Falls Sie also später in der Literatur noch mehr über das Gehirn lesen wollen, werden Sie auch auf diese beiden Begriffe stoßen.

Rational *und* kreativ!

LINKS: digital, Detail und Analyse!

Diese Informationen werden gedacht (in Worten), gesprochen, geschrieben, gelesen, gerechnet, berechnet, analysiert. Linkshirnig ist die Analyse, die Logik, die Ratio, der "kalte" (nüchterne) Verstand; ferner lineares, detailliertes, sequentielles Vorgehen (= ein Schritt nach dem anderen). Wir erkennen den Bezug zu den Haupt-Tätigkeiten in der Schule:

- o   Rechnen,
- o   Lesen,
- o   Schreiben,
- o   Analyse von Textaufgaben (Mathematik),
- o   Analyse von Texten (Inhalt und Form),
- o   Analyse von Sätzen (Grammatik),
- o   Stures Auswendiglernen von isolierten Einzel-Informationen (Vokabeln, Fachwörtern, Daten, Fakten, Formeln)

RECHTS: analog, Überblick und Synthese!

Die rechte Hirnhälfte verschafft uns den Überblick, sie erkennt Formen und Strukturen. Rechts ist die Synthese (Gegenteil der Analyse). Synthetisches Denken setzt detaillierte Informationen von Herrn Links zusammen und verschafft sich so ein ganzheitliches Problembewußtsein (welches selbst an Hochschulen kaum gefördert wird!). Das rechte Hirn ermöglicht es uns, Personen oder Dinge wiederzuerkennen, die wir einmal gesehen haben. Die Fähigkeit des Vergleichens läßt uns Leute erkennen, die wir jahrelang nicht gesehen haben (auch wenn sie sich sehr verändert haben). Allein diese Leistung ist unglaublich! Deshalb ist ein geistiges Bild fast so gut wie das echte Gesehen-Haben! Aus Platzgründen kann ich die wichtigsten Aspekte hier nur andeuten. Wer mehr wissen möchte, sei auf die Literatur im Anhang verwiesen. Hier also ein stark vereinfachter Überblick[1].

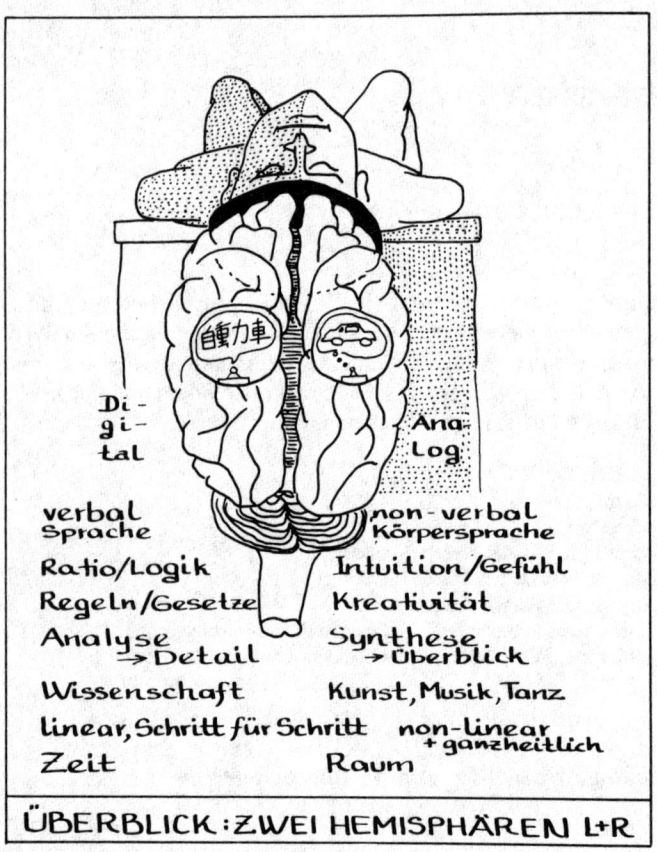

[1] Mit freundlicher Genehmigung, meinem Artikel *Gehirn und Gedächtnis* (Enzyklopädie für Naturwissenschaft und Technik, 1983) entnommen.

Linke und rechte Persönlichkeit

Es folgt eine Kurzbeschreibung linker/rechter Persönlichkeits-Merkmale, wobei wir übertreiben und so tun, als gäbe es "reinrassige" Links- bzw. Rechtshirnler[2], wobei wir auch andeuten werden, was für Menschen Mitarbeiter bzw. Chefs sind, die ziemlich links- oder rechtslastig (was die Benutzung ihres Gehirns angeht) vorgehen. Beachten Sie bitte, daß wir im Überblick von *Herrn Links* und *Frau Rechts* sprechen werden, da viele Aspekte rechtshirnigen Denkens eher der (sogenannten) "weiblichen" Komponente unseres Seins entsprechen, während links eher als "typisch männlich" geltende Fähigkeiten residieren.

Nur durch harmonische Team-Arbeit beider "Seelen" in unserer "Brust" kann der Gehirn-Besitzer ein kompetenter Gehirn-Benutzer werden, also ein "ganzer" Mensch sein, der voll hinter dem steht, was er sagt und tut. Das bedeutet auch, daß er andere überzeugen und mitreißen kann, eben weil er mit "ganzer Seele" (mit beiden Hirnen) denkt, fühlt, spricht und handelt!

 ## Herr Links

Er denkt in Worten. Er analysiert Dinge, d.h. er geht linear, Schritt-für-Schritt vor, so daß er immer mehr vom großen Ganzen ins Detail kommt. Dabei kann er immer nur eins nach dem anderen tun, er muß sich also konzentrieren (seine Energie auf einen Punkt zusammenziehen). Zum Beispiel auf den Satz, den er liest; auf die Berechnung, die er anstellt; auf das Detail, das er gerade analysiert. Er kann rechnen und "wissenschaftlich" vorgehen. Er ist für kausale (formale) Logik zuständig, also für die Schlußfolgerungen, die man aus gewissen Daten (Fakten) ableiten kann. Er erstellt Regeln, erkennt Gesetzmäßigkeiten und er will sich, wenn die Regeln einmal feststehen, auch an sie halten. Damit ist seine Einstellung konservativ, politisch also eher rechts (dagegen hirnanatomisch *links*)!

Er benennt die Realität, er gibt Dingen Namen, d.h. er klebt ihnen Etiketten auf! Dieses Etikettieren geht jedoch mit einer Klassifizierung einher. Ein Tisch ist entweder ein Möbel oder ein Nicht-Möbel. Dadurch wird Herr

---

[2] Kein Mensch ist nur "Herr Links" bzw. "Frau Rechts". Aber manche Menschen sind links- oder rechts-*lastig*, d.h., bei ihnen überwiegen die Fähigkeiten der einen oder anderen Hemisphäre. In unserer westlichen "Zivilisation" werden noch immer vor allem links-hemisphärisch betonte Menschen gefördert. Leute, die ihre rechte Hirnhälfte aktiv einsetzen, gelten (oft) als suspekt!

Links sofort verunsichert, wenn etwas nicht in irgendeine saubere kleine Schublade paßt. Aber auch, wenn jemand nicht der Vorstellung entspricht, die Herr Links aufgrund früherer Erfahrungen (und vor-Urteils-artiger Regeln) entwickelt.

Er ist für die Wahrnehmung und Planung von *Zeit* zuständig! Diese angeborene Fähigkeit muß jedoch, wie viele andere auch, erst erlernt werden (man denke nur daran, wie lange Kinder brauchen, bis sie ein Zeit–Gefühl entwickeln!).

Herr Links mag z.B. ein ganz besonders sachlich-rationaler Wissenschaftler, Mathematiker, Jurist oder Diagnostiker (in Medizin, Elektronik) sein. Er arbeitet exakt, voraussagbar, detailliert und konzentriert. Er kümmert sich besonders um Bereiche, die in unserer westlichen Kultur als wichtig empfunden werden. Er liebt Zahlen und ist z.B. ein ausgezeichneter Buchhalter bzw. überhaupt ein Erhalter (also einer, der an Bewährtem festhalten will).

Herr Links ist äußerst korrekt, er will ja keine Experimente (und wenn schon, dann bitte im Labor unter kontrollierten Bedingungen)! Kontrolle ist überhaupt ein Schlüsselwort in seinem Leben. Das heißt, er liebt Experimente, bei denen von vornherein feststeht, welche Resultate zu erwarten sind. Er haßt Unsicherheiten und unkalkulierbare Risiken. Er will vorher wissen, wo es hin geht, was es kostet, etc.

Herr Links läuft Gefahr, sich zu sehr im Detail zu verlieren! Herr Links sucht einfache Lösungen für komplexe Probleme. Auch meint er, das Problem sei halb gelöst, wenn es gut in Worte gefaßt wurde. Er sucht immer Antworten, nicht unbedingt aber die wichtigen Fragen! Überhaupt liebt er Fragen nicht, wenn er sie nicht beantworten kann. Statt nun auf Informationssuche zu gehen, ist er sauer, als hätte man ihn persönlich beleidigt. Er verbietet Kindern gerne, "dumme" Fragen zu stellen...

Wenn er etwas nicht versteht, macht ihn das verrückt! Er will alles genau wissen und alles *im Griff haben*. Sein Management ist von *manus* (d.h. Hand) hergeleitet, also Kontrolle! Überhaupt ist er (zu) sehr auf Sicherheit bedacht; auch was sein Selbstwertgefühl angeht. So neigt er zu Hemmungen und nervösen Spannungen, die er jedoch krampfhaft zu verbergen sucht; z.B. indem er immer wahnsinnig beschäftigt (sprich: furchtbar wichtig) ist. Daher ist er relativ anfällig für Streß-Krankheiten.

Bei günstiger Entwicklung wird er ein *hochkarätiger Spezialist* mit ungeheurem Wissen in *einem* Bereich eines Fachgebietes. Sein Wissen ist "tief". Bei ungünstiger Entwicklung wird er jedoch ein "Krümelkacker" (oder Oberbuchhalter), der den Wald vor lauter Bäumen nicht mehr sieht!

Frau Rechts:

Frau Rechts kann wortlos denken: Sie denkt in Bildern. Sie vergleicht (ist das so wie ...?) und erstellt Analogien, Denk-Bilder und Denk-Modelle. Sie will die Synthese, den Überblick! Regeln und Gesetzmäßigkeiten kümmern sie nicht. Deshalb kann sie auch innovativ vorgehen und kreativ sein, d.h. alte Regeln sprengen bzw. Wege suchen, wo noch gar keine Regeln sind! Für sie kann Wasser in Pulverform denkbar sein! Es kann auch mal das Bier den Trinker genießen!

Sie handelt spontan, intuitiv! Oft ist eine Intuition schon "da", aber solange Herr Links nicht informiert wurde, kann der Gehirn-Besitzer sie noch nicht "in Worte fassen". Ihre Logik ist a-kausal, d.h. mit formaler Logik nicht faßbar. Für sie muß etwas *nicht unbedingt* A oder Nicht-A sein! Daher akzeptiert sie gerne, daß die Elementar-Partikelchen im Atom *sowohl* Teilchen- *als auch* Wellen-Charakter zu besitzen scheinen!

Sie ist für Wahrnehmung (auch drei-dimensional) und Vorstellung von Objekten im Raum, sowie für den Raum selbst zuständig. Sie hilft uns, uns im Raum zu orientieren, aber auch, unseren inneren Raum (Körper-Wahrnehmungen) zu registrieren und zu deuten.

Während Herr Links für Sprache zuständig ist, ist Frau Rechts Spezialistin für *Körpersprache*. Angefangen von der Mimik, Gestik und Haltung bis hin zu Abstand-Signalen, mit denen wir etwas ausdrücken. Auch ist sie zuständig für Klang, inkl. Tonfall, Sprach-Melodie, Sprach-Rhythmus, Lautstärke sowie für Pausen beim Sprechen, etc. Sie hilft beim Autofahren und ist bei Poesie für die Wortmalerei und andere Aspekte zuständig, die aus einem "trockenen" Text erst ein Gedicht oder ein Stück Lyrik machen. Sie zeichnet, tanzt und betreibt Sportarten, die eine äußerst genaue Körper-Koordination erfordern (übrigens im Verbund mit dem Klein-Hirn!), und sie musiziert und modelliert. Und sie ist der Ästhet in uns, d.h., sie hat den sogenannten "Sinn für Schönheit".

Frau Rechts mag Künstler sein, Musiker, Maler, Bildhauer, Pantomime oder Künstler*in*, Musiker*in*, Maler*in* etc. Sie mag Gedichte schreiben oder Musik komponieren, auch Kunst schaffen, die man nicht "versteht" (rational und linkshirnig nämlich). Sie ist überaus bereit, Neues aus-zuprobieren! Dabei geht sie oft sprunghaft vor. Außerdem kümmert sie sich nicht um's Detail, sondern um die "große Idee". Deswegen braucht sie Menschen, die sich für sie um die Details (Buchhaltung, Steuer, etc.) kümmern werden!

Frau Rechts ist eher lässig, sie experimentiert gerne, auch wenn sie keine Ahnung hat, wo ein Versuch hinführen mag. Sie liebt das Risiko und wird von manchem linkshirnigen Mitmenschen als chaotisch empfunden. Sie hat sich die Neugierde des Kindes erhalten, was im positiven Falle als erfri-schend empfunden wird. Aber diese Neugierde kann auch negativ wirken, wenn sie nämlich ihre Nase in Angelegenheiten anderer Menschen steckt, statt ihre Neugierde der Welt (und dem Wissen) zuzuwenden.

Frau Rechts hat den Überblick, wenn sie auch nicht immer weiß, was man mit einzelnen Details machen kann. Sie denkt kybernetisch (in Regel-kreisen[3]) und in Wechselwirkungen. Und sie denkt ganzheitlich (neu-deutsch: holistisch) und multidimensional, weil sie ja nicht an die lineare Schritt-für-Schritt-Methode ihres linken Kollegen gebunden ist!

Frau Rechts arbeitet intuitiv. Sie hat eine ausgezeichnete Antenne für "Schwingungen", sowohl für die anderer Menschen als auch für Trends und Zeitströme.

Wenn sie etwas nicht sofort versteht, dann fasziniert oder amüsiert sie das! Sie will vieles erforschen, weil das Forschen Spaß macht – nicht unbedingt, weil sie jedes Detail auch verstehen muß. Spaß und (Lebens-)Freude sind Schlüsselwörter; auch die Arbeit macht Freude! Ihr Management-Stil ist *Stewartship*, was im Deutschen am besten mit dem Hegen und Pflegen eines Jägers ver-Bild-licht wird!

---

[3] vgl. die Forderung von Frederic VESTER, wir müßten lernen, in kybernetischen Regelkreisen zu denken, wenn wir die Probleme der Zukunft überhaupt noch begreifen, geschweige denn "lösen" wollten.

Bei günstiger Entwicklung wird sie ein *höchst kreativer Mensch* (Künstler, Wissenschaftler, Autor, Lehrer) mit einem ungeheuren Wissensspektrum. Aber bei ungünstiger Entwicklung wird sie ein Hansdampf in allen Gassen, der es auf keinem Gebiet zu irgend etwas bringt.

Es folgt ein kurzer Überblick darüber, wie sich die beiden Hirn-Typen als *Mitarbeiter* oder *Chefs* (bzw. Eltern, Lehrer) verhalten.

Herr Links und Herr Rechts[4] als Mitarbeiter/Kollegen:

Herr Links will Klarheit!

Er ist am glücklichsten, wenn er klare Anweisungen hat, wenn es eine exakte Arbeitsplatzbeschreibung gibt und seine Kompetenzen klar umrissen und eindeutig festgelegt sind! Er will über möglichst viele Daten, Fakten und Zahlen Bescheid wissen, um rationale Entscheidungen zu treffen. Er wird sich jedoch nach allen Richtungen hin absichern, ehe er entscheidet, weil ihm seine Position in der Firma immer wichtiger ist als die Sache, über die entschieden werden soll. Er ist ein fleißiger Sachbearbeiter und ein zuverlässiger Verwalter (von Details).

Im Team neigt er dazu, besonders den Leuten zuzuhören, die seine Meinung vertreten. Ist er jedoch anderer Meinung, so gilt: Wenn er ein großes Energie-Potential hat, setzt er seine Position (rücksichtslos) durch, andernfalls sagt er nicht viel, wenn ihm etwas nicht paßt.

---

[4] Um Ihr Denken flexibel zu halten, sagen wir jetzt mal wieder Herr Rechts, denn ich möchte vermeiden, daß Sie im folgenden zu dem häufigen Fehlschluß kommen, die Kurz-Beschreibung gälte für Herren bzw. Damen; sie gilt für *Mitmenschen* beiderlei Geschlechts!

Herr Rechts will kreativ sein dürfen!

Er ist am glücklichsten, wenn er relativ selbständig arbeiten und wenn er Ideen haben darf. Je mehr Spielregeln man ihm zu geben versucht, desto "bockiger" wird er. Sein Denken ist höchst flexibel, aber seine Entscheidungen sind manchmal impulsiv. Er denkt eher intuitiv als trocken-rational. Daten und Zahlen interessieren ihn nicht so sehr wie das geplante oder erwartete Resultat. Er denkt praxisbewußt, er will nicht unbedingt wissen *warum*, sondern eher *wie* etwas funktioniert. Er sucht das Neue und hat keine Angst vor komplexen Problemen. Er kann ein hochmotivierter Mitarbeiter sein, wenn er nicht daran gehindert wird, sich frei zu entfalten.

Im Team ist er höchst interessiert, wenn jemand eine andere Meinung vertritt, denn er ist aufgeschlossen für bisher unbekannte Daten und immer bereit, seine Position neu zu überdenken.

Linkes und rechtes Management:

 **Linkes Management: "im Griff haben"**

Zahlen, Daten, Fakten und, selbstverständlich auch den Menschen, möchte er im Griff haben! Ihm gehen *Zahlen* über alles; er meint, im Zweifelsfalle seien die Mitarbeiter austauschbar, nicht aber die Technik!

Er neigt zum autoritären Führungsstil bzw. er bevorzugt Mitarbeiter, die genau wissen wollen, wo es lang geht. Kreative und unkonventionelle Mitmenschen machen ihm Angst, also wird er sie baldmöglichst weg-loben.

Paradebeispiel für diesen Managertyp ist Harold GENEEN, der in ca. 20 Jahren den Absatz der ITT von 766 Mio. auf 22 Mrd. Dollar steigerte. Seine Karriere: Vom Buchhalter zum Top-Manager!

Rechtes Management ist "stewartship"

Er sucht gute Kontakte mit den Menschen, die einem anvertraut sind! Er kann auf die unterschiedlichen Eigenarten unterschiedlicher Menschen eingehen.

Dadurch ergibt sich die Fähigkeit zum sog. situativen (flexiblen) Führungsstil, welcher die Menschen, das vorhandene Material, die Situation und die äußeren Umstände berücksichtigt. Hierzu ist gute Beobachtungsgabe, Einfühlungsvermögen und ein Schuß Intuition notwendig.

Paradebeispiel für diesen Managertyp ist Robert TOWNSEND (Autor von *Up the Organization!*), der die amerikanische Mietwagenfirma AVIS RENT-A-CAR innerhalb von fünf Jahren von 2 Milliarden Dollar *Minus* zu 3 Milliarden Dollar *Plus* brachte![5]

Falls Ihr erster Impuls war, zu denken, daß GENEEN (Seite 38) doch der erfolgreichere Manager sei, weil die Zahlen größer sind, dann sei erstens gesagt, daß dies typisch "linkes" Denken ist, zweitens, daß es um die *Relationen* geht; AVIS ist halt viel kleiner als ITT, aber AVIS war total kaputt, *ehe* TOWNSEND es übernahm!

Wenden wir uns jetzt dem Gedächtnis zu; wir werden nämlich gleich sehen, daß LAMRON im Gehirn "schlechtes Gedächtnis" produziert!

Drei Wege führen in Ihr Gedächtnis

Den **ersten** Weg hat die Natur erfunden. Damit "schreibt" sie uns wichtige Informationen ins Gedächtnis, damit wir überleben können! Dieser Weg ist sehr einfach, da der Gehirn-Besitzer selbst keine Anstrengung unternehmen muß, denn das Gehirn lernt ohne bewußtes Zutun. Dieser Weg ist (wen wundert's?) höchst effizient! Den **zweiten** Weg hat die Schule erfunden. Er ist unnötig schwierig und frustriert Millionen von Menschen tagtäglich![6] Und der **dritte** Weg, das ist natürlich das gehirn-gerechte Vorgehen!

---

[5] Falls Sie Führungskraft sind, sollten Sie PETERS/WATERMAN: *Auf der Suche nach Spitzenleistungen* unbedingt lesen und deren Ratschläge auch *beherzigen!*

[6] Einige Gedanken zur Lernpsychologie finden Sie im Anhang (Merkblatt Nr. 2, S. 154)

 Weg Nr. 1: Natürliches Lernen

Was lernt das Gehirn ohne das bewußte Zutun des Gehirn-Besitzers? Überlegen Sie einmal: *Wie oft setzen Sie sich wohl mit dem nackten Hintern in
Brennesseln?* Aha, nur einmal? Eben!! Also lautet die Antwort zunächst:
Vollautomatisches Lernen "passiert" mit allen Informationen, die mit dem
nackten Überleben zusammenhängen. (Daher der nackte Hintern.)

Ebenso leicht lernt unser Gehirn sofort alles, was uns hilft, Schmerz und
Unlust (in Zukunft) zu vermeiden. *Also können wir aus unseren Fehlern
lernen, weil auch dies ein Überlebensmechanismus ist.* Fazit: Solche Informationen rutschen vollautomatisch (durch die Hintertür) ins Gedächtnis,
vorbei am wachen Bewußtsein des Gehirn-Besitzers, damit er sie nicht aus
Versehen zensieren und vergessen könnte! Ursprünglich hatte die Natur
diesen Königsweg erfunden, damit das *biologische* Bedürfnis des Über-
lebens gesichert ist.

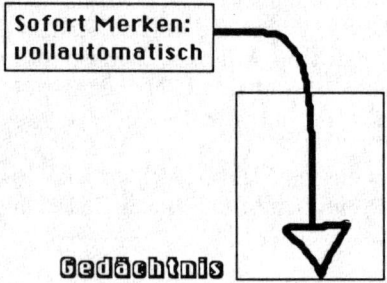

Aber wir lernen nicht nur lebensnotwendige Informationen leicht. Es kann
auch alles, was uns *brennend* interessiert, diesen Königsweg ins Gedächtnis
gehen. (Daher die *Brenn*-Nessel in unserem Beispiel!) Oder denken Sie an
Leute, die über ihr schlechtes Gedächtnis klagen, jedoch über ihr Hobby
(Briefmarken, Münzen, Pflanzen, Flugzeuge, Sport) soviel wissen, daß sie
Experten sind. Ein Seminarteilnehmer, der anfangs lautstark über sein
schlechtes Gedächtnis geklagt hatte, wußte z.B. *sämtliche* Namen aller
Quarterbacks beim amerikanischen Football von 1950 bis zum Zeitpunkt
des Seminars, 1979 (bei der US-Army)!

Interesse hilft aber nicht nur beim Lernen, es *bestimmt* überhaupt, was wir
wahrnehmen können: Als ich 1977 begann, mich für Wohnmobile zu
interessieren, waren die deutschen Autobahnen von heute auf morgen mit

Wohnmobilen übersät! Sie kennen den Effekt (nach dem Motto: Da muß irgendwo ein Nest sein) sicher auch. Er beginnt schon bei einzelnen Wörtern, die man neulich erstmals gelernt hat. Es ist, als hätten Rundfunk und Presse sich verschworen, diesen Begriff ab jetzt laufend zu verwenden. Tatsache ist, daß er Ihnen jetzt bewußt auffällt. Womit Sie sehen, daß Ihr Interesse Ihre Wahrnehmung steuert. Dies können Sie testen: Achten Sie ab jetzt darauf, wann von *Terroristen* und wann von *Freiheitskämpfern* die Rede ist! Selbst wenn Sie sich gar nicht darum bemühen, werden Sie nicht umhin können, diese Ausdrücke bewußt wahrzunehmen, wenn sie auftauchen. Wetten, daß?!

Es dürfte klar sein, daß das bewußte Wahrnehmen ein späteres Lernen sehr erleichtern wird. Umgekehrt werden langweilige Infos eben kaum wahrgenommen, wodurch ihre Einspeicherung ins Gedächtnis sehr erschwert wird. Anders ausgedrückt: Wenn Schule und Ausbildung den Kindern[7] mehr Informationen anböten, die für die Schüler von brennendem Interesse wären, dann wäre Lernen leicht und würde Spaß machen. Also: *Entweder* eine Info hat für Sie Überlebenswert bzw. interessiert Sie brennend, dann geht sie automatisch und ohne Ihr bewußtes Zutun in Ihr Gedächtnis ein; *oder* aber, *Sie* müssen diese Info *selber aktiv* lernen.

 # Weg Nr. 2: Schul-Lernen

Da zahlreiche Lehrer, Ausbilder, Trainer sowie viele Autoren von Schulbüchern und Artikeln nicht in der Lage zu sein scheinen, ihre sogenannte trockene Theorie so interessant zu machen, daß man sie leicht lernt, hat man uns immer eingeredet, *Wiederholung* (wörtlich: etwas wieder und wieder herholen) sei die einzige Methode, dieses Etwas ins Gedächtnis einzuspeichern. Das ist natürlich Unsinn, wie wir bereits gesehen haben! (Vgl. auch Merkblatt Nr. 2 im Anhang, S. 154)

Nehmen wir als Beispiel das Vokabel-Pauken. Diese Technik ist die strategisch unklügste Vorgehensweise, wenn man eine Sprache lernen will! (Auf neudeutsch: es ist *kontra-produktiv*.) Deshalb ist diese sture Paukerei auch so "schwer", so unlust-auslösend, so frustrierend und so un-effektiv! Die einzige Garantie, die es gibt, ist die, daß man das Wort (fast) garantiert

---

[7] Ähnliches gilt natürlich auch für unsere Hochschulen sowie für die firmeninterne bzw. -externe Erwachsenenbildung, wobei auch sog. Kunden-Seminare z.T. entsetzlich halbhirnig angelegt sind!

nicht "findet", wenn man es später tatsächlich einmal braucht. Ob in einer Prüfung oder bei dem Versuch, die Fremdsprache lesend oder sprechend anzuwenden!

Warum ist dieses Vorgehen nicht effizient? Weil es der Arbeitsweise des Gehirns zuwiderläuft. Denken Sie mit: Sie sollen lernen, daß *Tisch* auf Englisch *table* heißt. Von brennendem Interesse war's wohl nicht, also konnte die Info gar nicht bei der Brennessel landen. Aber wahrgenommen haben Sie sie. Also muß sie irgendwo gelandet sein, aber wo?

Antwort: Im Kurz-Zeit-Gedächtnis. Dort landen auch die Ziffern einer Telefon-Nummer kurzfristig, während Sie wählen! Diese Abteilung im Gehirn stellen wir uns jetzt bitte als ein "Büro" vor, neben dem eigentlichen Gedächtnis. Dort gibt es einen riesengroßen Eingangskorb, in welchen jetzt ein Zettel flattert:

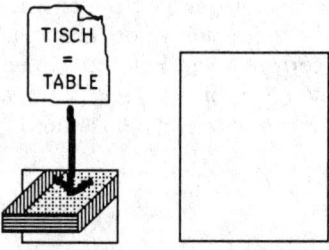

So, wie kommt eine Info nun vom Kurz-Zeit- ins Lang-Zeit-Gedächtnis? Wieder gibt es einen "Mitarbeiter" im Gehirn, einen Assistenten. Dessen Aufgabe ist es, Infos aus dem Korb weiterzuleiten. Hierzu muß er eine Leiter hochsteigen und eine Brücke überqueren, um von dort aus die Info mittels eines Computer-Terminals einzugeben.

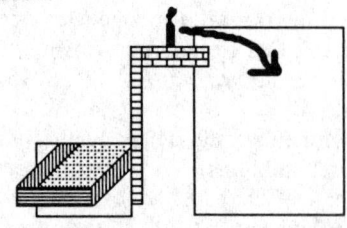

Übrigens sind Leiter und Brücke Symbole: Die *Leiter* stellt eine Analogie zu der Tatsache dar, daß das Gehirn jetzt von den *elektrischen Schwingungskreisen* (des Kurz-Zeit-Gedächtnisses, wie ECCLES sie postulierte)

eine Stufe "höher", auf *biochemische Prozesse* umschalten muß. Die *Brücke* hingegen symbolisiert die (erst teilweise begriffene) Funktion des Hippocampus, ohne welchen Lang-Zeit-Gedächtnis nicht möglich ist.[9] Allerdings hat die Sache noch einen Haken: Sie erinnern sich, daß Sie (als Gehirn-Besitzer und Chef dieses Assistenten) ja bisher nur *einen* Zettel (*Tisch = table*) in den Eingangskorb gelegt hatten.

Wenn Ihr Mitarbeiter oben auf der Brücke steht, und feststellt, daß er eine Information nur *einmal* besitzt, dann läßt er diesen Zettel sofort fallen! Stellen Sie sich unter der Brücke Wasser[10] vor: Diese Informationen fallen jetzt ins Wasser, statt im Gedächtnis zu landen:

Warum tut der Assistent das? Ist das ein "fauler Hund" oder könnte es einen guten Grund für sein Verhalten geben? Nun, den gibt es in der Tat. Er denkt nämlich:

Wenn diese Information für den Gehirn-Besitzer von brennendem Interesse gewesen wäre, dann wäre sie ja sofort im Langzeit-Gedächtnis gelandet, und nicht in meinem Büro! Also darf ich sie gar nicht einspeichern...

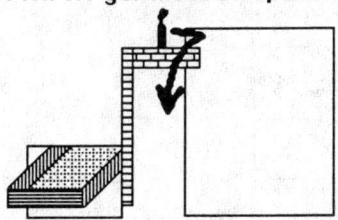

---

[9] Sie finden im Merkblatt Nr. 5 (Anhang, S.159) ein wenig Hintergrund-Info aus der Gehirnforschung.

[10] Das Wasser ist ein Symbol für unser Unbewußtes, denn manche Informationen können (z.B. durch Hypnose oder Trance-Zustände) später aus diesem "Wasser" wieder "herausgefischt" werden. Wir kommen in Kap. 5 noch einmal darauf zurück.

Deshalb hat man in der Schule behauptet, daß Informationen, die man sich merken will, wiederholt werden müssen! Also murmeln (und/oder schreiben) wir jetzt fünf oder sechs mal : *Tisch = table, Tisch = table, Tisch = table* u.s.w.

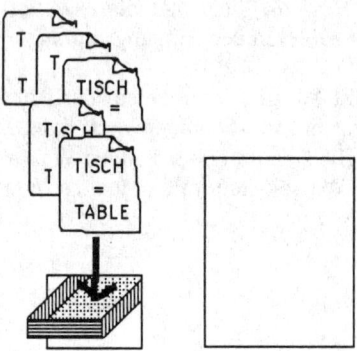

D.h., daß der Assistent jetzt *mehrere* Zettel mit *derselben* Information vorfindet. *Diese Tatsache* wirkt wie ein Befehl des Gehirn-Besitzers.

Anscheinend ist diese Information ja doch von Interesse für den Gehirn-Besitzer...

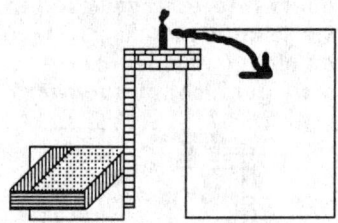

Aber jetzt kommt der Hammer: *Wenn* diese Information jetzt sofort richtig im Lang-Zeit-Gedächtnis (neben der Brennessel) landen würde, *dann* könnten wir ja *alles* mit einigen wenigen Wiederholungen lernen. Wir wissen aber aus schmerzlicher Erfahrung, daß das nicht stimmt! Warum nicht? Nun, wenn eine Information vom Assistenten von der Brücke aus eingespeichert wird, dann "fällt" sie nicht gleich ins Lang-Zeit-Gedächtnis hinein, sondern sie kommt zunächst in eine *Warteschleife,* wie ein Flugzeug, das auf Landegenehmigung wartet:

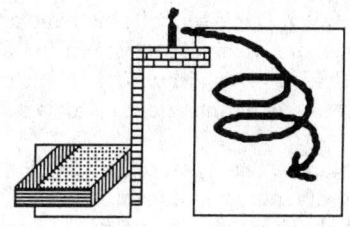

Jetzt können nur viele weitere Wiederholungen seitens des Gehirn-Besitzers diese Informationen in der "Warteschleife halten"; und genau hier liegt das Problem des typischen normalen Büffelns, das wir aus der Schule kennen: Denn es ist nichts schlimmer, als diese Information jetzt zwanzig- bis dreißigmal stur wiederholen zu müssen! Das ist langweilig und stößt begreiflicherweise auf den ausgeprägten *Widerstand*[11] des Gehirn-Besitzers. Er wehrt sich. Er gibt vorzeitig auf!

Wenn er dies tut, dann "stürzt" die Information "ab" (wie ein Flugzeug!); das heißt, sie verschwindet. Allerdings *nicht spurlos*. Die "Warteschleife" ist eine *Spur*, welche hinterlassen wird. Deshalb kann man sogar Jahre später weiterlernen, und daher fällt es relativ leicht, sogenanntes verschüttetes Wissen später *noch einmal* zu lernen! Denn "noch einmal" bedeutet genaugenommen, daß man an der Stelle "weiterlernt", an der man damals aufgegeben hatte.

Aber im Hier und Jetzt nützt das nicht viel. Im Augenblick scheint die Information "verloren", *wenn* wir die nötige Anzahl an sturen Wiederholungen *nicht* vorzunehmen bereit sind! Spätestens jetzt muß klar sein, warum so viele Menschen glauben, Lernen sei langweilig, anstrengend, nicht erfolgreich (bzw. sie seien zu dumm dazu)!

Bisher sprachen wir vom Vokabel-Lernen, aber dasselbe gilt für alle Arten von Lernen, wenn dieselbe Grundregel gilt: Es werden einzelne isolierte Informations-Einheiten ohne Zusammenhang eingespeichert, wie beim Pauken isolierter Vokabeln, Fachausdrücke, Fremdwörter, Namen, Daten, Jahreszahlen u.s.w.

Hat jetzt gerade eine Glocke in Ihrem Kopf geklingelt? Ich hoffe es. Denn es müßte Ihnen spätestens jetzt klar geworden sein, daß unser Assistent (im

---

[11] Sie erinnern sich sicher noch an das Denk-Modell von den Widerständen, den Streß-Hormonen und dem *hoRmo sapiens* (Kapitel 1)

obigen Denk-Modell) niemand anders ist als Herr Links. Er ist für einzelne Details zuständig, erinnern Sie sich? Während der Mitarbeiter im rechten Gehirn ganzheitlich denkt, für den Überblick sorgt, Details in unser Gesamtwissen integriert, Assoziationen zu Bekanntem herstellt u.s.w.

Nun ist das "offizielle" Lernen/Lehren in Schule und Ausbildung aber größtenteils halbhirnig; deshalb wehren sich die "offiziellen" (Hoch-) Schullehrer ja so gegen Autoren, welche es schaffen, schwierige Themen *populär-wissenschaftlich* (sprich: *gehirn-gerecht!*) aufzubereiten! Mein Gott, da könnte ja jeder begreifen, daß nicht die Materie selbst schwierig ist, sondern daß diejenigen, die sie *vermitteln* sollten (man nehme das Wort bitte wörtlich), sie so "trocken" vermitteln. Wo kämen wir denn da hin, wenn jeder Interessierte sich in (fast) jedes beliebige Thema einfach einlesen könnte, wie in den USA?!! Deshalb konnte Wolfgang SCHMIDBAUER einmal so schön bissig bemerken: "... daß in Deutschland Informationen in der Fachpresse eher *versteckt* als veröffentlicht werden"!

Nein, nein; da behaupten wir lieber, die Amerikaner seien ohne Kultur, denn es gehört nicht zu *unserem* Kultur-Verständnis, Wissen einfach und verständlich zu vermitteln. Und damit hat es sich dann. Oder - hätte es sich gehabt, wenn nicht immer mehr Autoren zeigen würden, daß es auch bei uns möglich ist, Informationen gehirn-gerecht aufzubereiten!?

Und damit sind wir schon mitten im Thema:
Der dritte Weg ins Gehirn ist nämlich einfach:

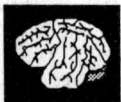 # Weg Nr. 3: Gehirn-gerechtes Lernen

Wenn der Assistent (oben) der Herr Links war, der sich verzweifelt bemühte, eine isolierte Info einzuspeichern, *und wenn* gehirn-gerechtes Vorgehen bedeutet, daß wir beide Mitarbeiter im Kopf einsetzen müssen, *dann* leuchtet sicher ein, daß es für digitale und analoge Infos *je* ein Kurz-Zeit-Gedächtnis geben muß[12]!

---

[12] Zumindest in unserem Denk-Modell, welches die tägliche Praxis erfahrungsgemäß sehr erleichtern kann! Es geht uns ja um praktische Hilfestellungen, nicht wahr?

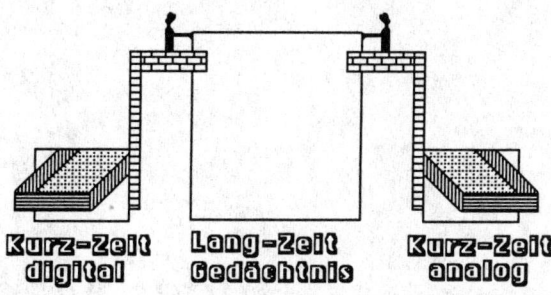

Kurz-Zeit digital   **Lang-Zeit Gedächtnis**   **Kurz-Zeit analog**

Wird eine Info simultan über beide Hemisphären eingegeben, dann kann *keiner* der beiden Assistenten sie ins Wasser fallen lassen. Wenn also eine Info links (z.B. ein Wort) mit einer Info rechts (z.B. einer bildlichen Vorstellung zu diesem Wort) *gleichzeitig* ankommt, dann landen beide Aspekte derselben Botschaft sofort in der Landeschleife! Dadurch brauchen wir null Wiederholungen, *um in die Landeschleife zu kommen.* Aber selbst danach wird es leichter: Statt 20 - 40 (dumme) Wiederholungen brauchen wir nur *einige wenige intelligente*! Häufig sausen solche Informationen sogar durch und landen sofort!

Dazu müssen wir erstens das Bilder-Machen beherrschen und zweitens diese Technik souverän einsetzen. Der Rest dieses Buches gibt praktische Anleitungen hierzu.

Kapitel 3

Bilder-Machen

Wie Sie aus dem Experiment (Zweibein-Satz in Kap. 2) sehen konnten, ist es viel leichter, *gehirn-gerecht,* also durch Simultan-Einspeicherung in beide Gehirne, zu lernen. Diese Technik beherrscht jedes Kind, bis sie wegerzogen wird.

Diese Erziehungsprozesse schaffen den Gehirn-Muffel, der, ähnlich wie der Gurt-Muffel, eine vorhandene Einrichtung nicht optimal nutzen will. Nun braucht man den Gurt ja "nur" im eigentlichen Gefahren-Moment, während er in 99% der Zeit "nur unbequem" ist. Daher ist es noch halbwegs verständlich, wenn manche Leute sich wehren, ihn zu tragen. Aber das Gehirn, das benötigen Sie doch dauernd, oder? Wenn wir jedoch unsere Kinder zu Gehirn-Muffeln erziehen (bzw. erziehen lassen und sogar selber Opfer solcher Erziehungs-Prozesse sind), dann bedeutet dies:

In jenem Augenblick, in dem das Kind die Fähigkeit verliert, sich automatisch immer bewußt Bilder zu machen,, beginnt die normale Entwicklung: Verstehen wird "schwierig". Das Gedächtnis wird "schlecht".

Beobachten Sie ein Kind, dem man etwas erklärt:
1. Es hört zu, wobei sein Blick oft starr in die Luft gerichtet ist (weil es sich darauf konzentriert, vor seinem geistigen Auge das Bild entstehen zu lassen). Was aber sagt man zu ihm? *Schau mich an, wenn ich mit Dir spreche!*

2. Das Kind unterbricht mit Zwischenfragen (*Ist das so, wie wenn Kitty und ich...?*), weil es durch eine Analogie feststellen will, ob es begreift. Was aber sagt der Erwachsene? *Unterbrich mich gefälligst nicht!*

3. Ein Kind wird vom Lehrer gefragt, wie die Hauptstadt von Paraguay heißt. Es schaut an die Decke, um sich die Karte ins Gedächtnis zurückzurufen, also: weil es sein geistiges Bild betrachten möchte. Ehe es jedoch antworten kann, sagt der Lehrer, zur großen Belustigung der Klasse: *Ja, an der Decke steht's nicht geschrieben!*

Jedes Kind richtet an seine Umwelt eine Bitte, die es nicht artikulieren kann; denn wenn es begreifen würde, was passiert, könnte es sich erfolgreich dagegen wehren. In Worte gefaßt müßte die Bitte lauten:

Macht keinen Gehirn-Muffel aus mir! Laßt mich doch bitte bitte gehirn-gerecht weitermachen!

Bilder-Tricks helfen uns!

Wie wir gesehen haben, bedeutet Verstehen oder Begreifen, daß die linke Hirnhälfte das Wort hört/liest, während die rechte im Archiv nachsieht, ob wir zu diesem digitalen Begriff bereits ein mentales Bild, eine Vorstellung besitzen. Wenn ja, dann begreifen wir sofort, andernfalls erleben wir Unlust... Normalerweise bleibt dieser Prozeß des Bilder-Machens[1] unbewußt. Wenn Sie das Training für Herrn Rechts (Kapitel 8) erfolgreich abgeschlossen haben werden, wird sich dies ändern. Dann werden Sie immer bewußt "Bilder" vor Ihrem geistigen Auge "sehen", wenn Sie etwas hören (oder lesen). Diese Fähigkeit werden wir bei verschiedenen Tricks noch aktiv einsetzen.

---

[1] Wiewohl der Trick des Bildermachens von den Mnemo-Technikern schon lange verwendet wird, wissen wir jetzt endlich, aufgrund der modernen Gehirn-Forschung, warum es funktioniert! Das sollte so manchen Links-Hirnler überzeugen, der früher nur abwinkte.

Das mentale Bild entspricht sozusagen dem gehirn-gerechten Knoten im Taschentuch! Wie oft schreiben Sie sich Notizzettel, um sich an irgend etwas zu erinnern? Wie oft passiert es, daß Sie so eine Notiz verlegen, bzw. vergessen, sie vor dem Gespräch (auf das sie sich bezog) noch einmal zu lesen? Wie wäre es, wenn Sie Notizen auf ein absolutes Minimum beschränken könnten? Nun, das können Sie!

Fallbeispiel: Die Ratte...

Ich hatte einen Termin mit einem englischen Trainer-Kollegen ausgemacht. Dieser Zeitpunkt lag ca. sechs Wochen in der Zukunft, als Paul mich aus London anrief, um etwas zu fragen. Dann sagte er noch, er wolle mir beim nächsten Treffen etwas ungemein Wichtiges erzählen. Wäre ich bitte so nett und würde ihn daran erinnern? Stichwort: *Ratte*. Nun, wie würden Sie vorgehen? Würden Sie eine Notiz im Terminkalender machen, sich einen Zettel schreiben, oder sollten wir nicht versuchen, beide Hirnhälften zu aktivieren?

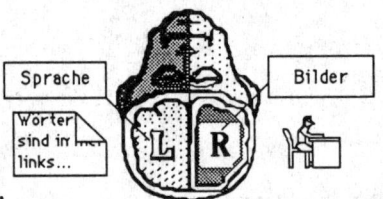

Ich stellte mir vor, wie er das nächste Mal käme... (Da mein Büro im ersten Stock ist, sehe ich jeden Gast die Treppe heraufkommen. Also erst den Kopf und die Schultern...) Ich stelle mir also vor, wie er die Treppe heraufkommt: Ich *sehe seinen Kopf*, auf dem eine *Ratte* sitzt, deren *Schwanz* ihn im Gesicht *stört*. Er macht eine ungeduldige Handbewegung, um sie *loszuwerden*...

So verband ich das Wort *Ratte* (linkes Hirn) mit dem Bild der Ratte *in dieser spezifischen Situation mit Paul* (rechtes Hirn)! Danach vergaß ich den ganzen Vorfall. Ich war mitten im Schreiben eines Buches unterbrochen worden, kehrte also zu meinen Gedankengängen zurück. *Die folgenden sechs Wochen habe ich kein einziges Mal daran gedacht!* Aber als Paul dann kam, "sah" ich sofort die Ratte auf seinem Kopf und fragte ihn danach.

Wenn Sie das mentale Bild für eine spezifische zukünftige Situation nur ein einziges Mal bewußt "gemalt" haben, dann *können* Sie diese Situation später *überhaupt nicht* erleben, *ohne* dies Bild wieder vor Ihrem geistigen Auge zu sehen. Es geht nicht anders! Voraussetzung ist natürlich, daß Sie sich das Bild wirklich bewußt "gemacht" haben, d.h., *daß Sie es zum Zeitpunkt des Speicherns glasklar vor Ihrem geistigen Auge sehen!*

Bilder-Machen im Alltag

Angenommen, Sie wollen sich mehrere Dinge hintereinander, aber miteinander verknüpft, merken. Dies können z.B. die Hauptpunkte eines Referates oder Handlungen sein, die Sie ausführen wollen. Machen Sie einfach eine Bilderkette. Hängen Sie die verschiedenen "Dinge" aneinander. Dabei verknüpfen Sie immer *zwei Kettenelemente* miteinander.

Wenn Sie eine Kette bilden, dann verbinden Sie die Bilder natürlich in einer Richtung, wobei das erste Element an das zweite gehängt wird, ...

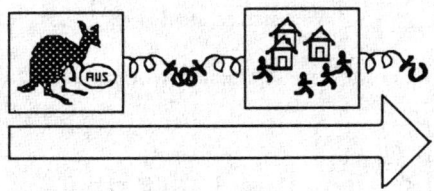

... dann wird das dritte Element der Kette angefügt, etc. Bitte probieren Sie nicht, zuviel auf einmal zu verknüpfen!

Gehen Sie schrittweise vor, indem Sie immer nur zwei Bilder aneinanderhängen; also

Bild 1 plus Bild 2, dann
Bild 2 plus Bild 3, danach
Bild 3 plus Bild 4
etc.

Die einfache (lineare) Bilderkette

Angenommen Sie nähmen sich vor, heute folgende fünf Handlungen auszuführen:

Tim (in Australien) eine Karte senden

Telefonat wegen Kindergarten vornehmen

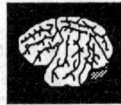

Gehirn-Training: Zeitplan aufstellen

Artikel für Firmenzeitschrift verfassen

Werkstatt anrufen, ob der Wagen heute fertig wird

Wenn Sie eine Bilderkette daraus machen wollen, dann gehen Sie wie folgt vor:

 Bild 1 plus Bild 2

Nun lassen Sie das erste Bild im Geiste "fallen" und hängen das dritte an das zweite an:

 Bild 2 plus Bild 3

Nun lassen Sie das zweite Bild im Geiste "fallen" und hängen das vierte an das dritte an:

 Bild 3 plus Bild 4

u.s.w.

Es ist *wie eine echte Kette*, bei welcher ja auch jeweils Glied 1 mit 2, dann 2 mit 3, dann 3 mit 4 (u.s.w.) verbunden ist. Nach kurzer Zeit bilden Sie so die Bilder-Kette vor Ihrem geistigen Auge. Da für eine ausgezeichnete *Verbindung* der einzelnen Elemente gesorgt wurde, werden Sie sich diese Kette leicht merken können!

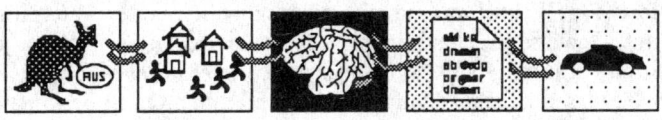

Nun sagen Sie vielleicht: *Prima, Handlungen sind vorstellbar. Was aber, wenn ich einen trockenen Artikel in einer Fachzeitschrift lesen muß? Hier geht es um Theorie, also nicht um leicht Vorstellbares?* Ihr Einwand scheint durchaus berechtigt. Allerdings ist anzumerken, daß wir nur dann wirklich begreifen, *wenn* wir eine Vorstellung (analog) zu einem digitalen Begriff besitzen. Oder meinen Sie, jeder verstünde Sätze wie: *Die relative Effizienz kumulierter Kommunikationssubstrate...?* Eben. Wie soll man denn begreifen können, wofür man *keine* Vorstellungen hat? Also:

Wir können *nur* über abstrakte Begriffe wie Freiheit, Demokratie, Glück, Tugend und ähnliche Ideen, nachdenken, *wenn* wir Konzepte (d.h. Vorstellungen) für diese Ideen in unserer rechten Hirnhälfte besitzen.

Deshalb wird ein erfolgreicher Sender, wenn er *Neues* verkünden will, dem Empfänger (Hörer, Leser) gleich eine Hilfe für's rechte Hirn mit anbieten, während ein trockener (langweiliger) Sender (Chef, Lehrer, Kundenberater) *denselben* Inhalt rein digital von sich gibt!

Und deshalb ist Ihr Training (Kap. 8) so wichtig, damit Sie lernen, Ihre ureigensten, aber noch unbewußt ablaufenden Vorstellungen, bewußt zu machen. Diese Fähigkeit müssen Sie jederzeit "anzapfen" können, wenn Sie sich oder andere informieren wollen. Denn: Jede Mitteilung, die nicht gehirn-gerecht ist, fördert unnötige Mißverständnisse, die nicht nur Zeit (und Geld) kosten, sondern die das Selbstwertgefühl Ihrer Mitmenschen (Kunden, Mitarbeiter, Besprechungsteilnehmer, Freunde) unnötig strapazieren. Es glauben ja so viele Menschen, sie hätten ein schlechtes Gehirn mitbekommen, *weil* so viele Botschaften zu digital sind!

Bei typischen Artikeln in *Fachzeitschriften* oder auch in *Sach- und Lehr-büchern* ist es oft schwierig, sich Bilder zu erstellen, weil der Text digital-halbhirnig ist. Aber man kann sich helfen!

Fallbeispiel Selbstwertgefühl:
Angenommen, Sie lesen einen Artikel und wollen sich die fünf Faktoren merken, von denen das Selbstwertgefühl beeinflußt wird... Und angenommen, diese fünf Faktoren sind nur einfach neben- oder untereinander aufgelistet: Gewissen, Selbstbild, etc. Dann überlegen Sie sich zu jedem dieser Stichworte ein *Fallbeispiel aus Ihrem persönlichen Leben. Z. B.*, was das Gewissen angeht, denken Sie an eine Situation, in der *Sie selbst* einmal in Gewissensnot waren. Diese (Ihre eigene!) Situation ist natürlich vorstellbar! Aus ihr "ziehen" Sie dann die Idee für das Bild, welches ab jetzt *Ihr Analog-Bild für Gewissen* darstellen wird. Auf diese Weise kann man sich alle abstrakten Begriffe merken!

Fallbeispiel Bio-Chemie:
Wenn es um einen chemischen Stoff geht, dann hängen Sie das "Bild" an der *Funktion* auf, die er hat, wobei diese aus dem Text hervorgehen muß. So sind z.B. die *weißen Blutkörperchen* die Truppe G-9 im Organismus: Sie stürzen sich auf Eindringlinge (Terroristen), die den Körper bedrohen, und versuchen, diese zu vernichten. Oder: Ein *Hormon* (wird in der Regel als *Boten*-Stoff bezeichnet) kann mit einem Post*boten* verglichen werden, während ein *Enzym,* aufgrund seiner *vermittelnden* Funktion, eher einem Heirats-*vermittler* gleicht! Oder: *Streßhormone* machen den Organismus kampf- bzw. fluchtbereit, indem sie ihm (u.a.) *Extra-Energie* zur Verfügung stellen. Also könnte man sie mit einem *Reserve-Benzinkanister* ver-*Bild*-lichen, und so weiter. Aus solchen Vorstellungen können Sie dann natürlich eine Bilderkette bilden, wie oben gezeigt.

Ich wiederhole: Solange Sie das Training (Kap. 8) noch nicht durchlaufen haben, wird es Ihnen möglicherweise schwerfallen, mir jetzt zu glauben, daß "alles furchtbar einfach" werden wird, *wenn* Sie erst einmal beginnen, wirklich gehirn-gerecht zu denken! Aber Ihr Gehirn wartet ja nur darauf, endlich optimal arbeiten zu dürfen; daher können Sie mit einigen wenigen Minuten Training pro Tag (ca. sechs Wochen lang) so unerhört viel erreichen!

Trotzdem ist diese *einfache (lineare) Bilderkette* noch nicht der Weisheit letzter Schluß. Sie ist z.B. geeignet, wenn Sie sich einige Daten, Fakten,

Informationen merken wollen, aber auch für die Vorbereitung einer Rede,
einer typischen Prüfung oder eines Handlungsablaufs, dessen *erster* Punkt
absolut feststeht. Für viele Merk-Aufgaben reicht sie jedoch nicht, deshalb
sollten wir in den meisten Fällen noch einen Schritt weitergehen:

Die geschlossene Bilderkette

Sie wollen sich z.B. Dinge merken, die Sie später in einem Gespräch behan-
deln wollen. Da Sie mit einer "offenen" Kette gezwungen wären, tatsächlich
mit dem "ersten Glied" zu beginnen, würde das zu Lasten der nötigen
Flexibilität gehen. Vielleicht will der Gesprächspartner Ihr Thema Nr.3
zuerst besprechen? Dann wollen Sie sicher nicht darauf bestehen, mit dem
"ersten" Thema Ihrer Kette zu beginnen, oder? Wenn Sie die Kette jedoch
"schließen", dann ist zwar die *Reihenfolge* festgelegt, nicht aber der
Ausgangspunkt. Damit sind Sie weit flexibler. Also sollten Sie das letzte
Bild auch verbinden, und zwar mit dem ersten.

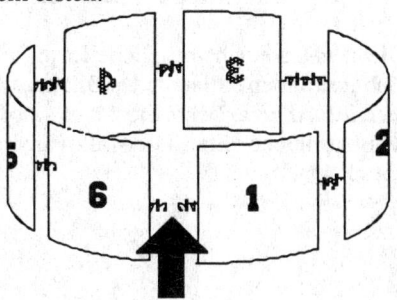

Schließen Sie Ihre "einfache" Bilderkette (wie ein Armband). Jetzt steht
zwar die Reihenfolge fest, nicht aber der Anfang.

Bitte bedenken Sie auch, daß *lineares* (Schritt-für-Schritt) Vorgehen,
also die offene Bilderkette, eher der Arbeitsweise des *linken* Hirns entspricht, während Zusammenhänge (die geschlossene Kette) eher rechtshirnig sind. Somit hat die geschlossene Kette sowohl einen logisch-
strategischen Vorteil als auch einen gehirn-gerechten!

Totale Flexibilität

Wenn Sie jedoch die "totale Flexibilität" wünschen, z.B. für eine Verhandlung mit einem wichtigen Kunden, bei der Sie zwar unbedingt fünf wichtige
Punkte zur Sprache bringen müssen, aber *keinerlei Reihenfolge* festlegen

wollen, so benötigen Sie eine andere Technik. Wenn der Gesprächspartner von einem Aspekt zum anderen "springt", reagieren Sie dann nicht wie der sture Berater, der die meisten Kundenfragen mit einem *Darauf kommen wir noch!* beantwortet! Hier folgt eine andere Bilder-Technik: Es handelt sich um die sog. **PEG**[2]**-Liste** bzw. die *paarweise Assoziation* zu einer bestehenden Bilderreihe. Was heißt das?

PEG oder: die **Paarweise Assoziation!**

Angenommen, Sie würden *ein einziges Mal* eine Reihe von Schlüsselwörtern lernen, wobei jedes Wort in dieser Liste eine Ziffer/Zahl von 1–10 symbolisiert. Man nimmt z.B. gerne eine Kerze für die "1", da beide länglich in der Form sind, und den Schwan für die "2" etc. Dann könnten Sie später an jedem dieser Bilder (wie an einem Haken) ein zweites Bild "aufhängen", *welches die zu merkende Information* repräsentiert. Deshalb sprechen wir auch von der *paarweisen Assoziation!*

Hier ist eine solche mögliche Liste für die zehn Schlüsselwörter, wobei Sie sich frei fühlen sollen, jedes Bild, das Ihnen nicht gefällt, gegen ein anderes *auszutauschen*. Denn die Liste soll für Sie persönlich gelten. So mögen manche lieber einen Dreispitz (für die 3) oder Neptun's Dreizack. Also, entscheiden Sie selbst:

 **1 = Kerze** (länglich, erinnert an die **Eins**)

 **2 = Schwan** (Form ähnelt der einer **Zwei**)

 **3 = Pyramide** (aus **Drei**-ecken bestehend)

---

[2] In der angelsächsischen Literatur steht PEG für Haken, wie ein Kleiderhaken, an dem man etwas "aufhängen" kann. Im deutschen können wir jedoch auch <u>P</u>rogrammiertes <u>E</u>idetisches (=bildhaftes) <u>G</u>edächtnis sagen: P.E.G.

4 = Koffer (Grundform: Rechteck mit **vier** Ecken. Man kann auch ein-/auspacken...)

5 = Hand (wegen der **fünf** Finger, klar)

6 = Elefant (Rüssel ist **sechs**[3]-artig geschwungen)

7 = Flagge (von der Form her **sieben**-artig)

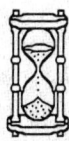

8 = Sanduhr (Form **Acht**-artig; oder nehmen Sie lieber einen weiblichen Torso?)

9 = Golfschläger (Form ist **Neun**-artig, wenn er so gehalten wird)

10 = Geldschein (Wert: **zehn** Mark oder Dollar oder Pfund...Wählen Sie eine Währung, die Sie mögen)

---

[3] Aber auch die Assoziation Sex ist möglich und sinnvoll! Merke: Sexuelle Bilder funktionieren ausgezeichnet, wenn man kein Verbot gegen solche im Gewissen herumträgt. Auch bei der Ziffer 8 wählen manche gerne einen (vollbusigen weiblichen) Torso...

Die zehn Schlüsselwörter im Überblick:

Nun gilt es, die zu merkenden Gedanken jeweils mit einem der Schlüsselwörter[4] zu verbinden (s. unten).

Benützen Sie die PEG-Technik beim **gezielten Fernsehen**, bei **Vorlesungen** (Unterricht), **Tagungen, Konferenzen, Vorträgen, Seminaren, Kongressen** oder beim **Radiohören**. Oder denken Sie an Situationen, in denen Sie mit wichtigen Gesprächspartnern verhandeln, aber aufgrund des Umfeldes **keine Notizen machen können**. Z.B. in einer schummrigen Bar nach dem fünften Drink, wenn der Kunde Informationen "rausläßt", die Sie sich unbedingt merken wollen, zumindest solange, bis Sie eine Notiz schreiben oder diktieren können...

Übrigens ist diese Technik der "Trick", mit dem Gedächtniskünstler auf der Bühne (oder in Gedächtnistrainings) auftreten: Sie lassen sich 20, 50 oder mehr Begriffe zurufen und speichern jeden bildlich, als gepaarte Assoziation, in ihre PEG-Liste ein. Später können sie dann alle Begriffe in der richtigen Reihenfolge wiederholen, alle Begriffe rückwärts aufsagen, oder auf Zuruf irgend einer Zahl den korrekten Begriff dazu nennen.

Nehmen wir an, Sie sind mit dem Auto unterwegs und hören die Nachrichten. Hängen Sie dann einfach *jedes Hauptthema* an *einem* der zehn Bilder auf.

---

[4] Wir gehen vorläufig nur von *zehn* Schlüsselbegriffen aus, aber später könnte man die Liste erweitern, wenn man sich regelmäßig mehr Dinge merken will.

Die meisten Nachrichten-Sendungen haben nur sechs bis sieben "große" Themen; aber es ist natürlich leicht, die Zehn-Worte-Liste später bis fünfzehn oder zwanzig zu erweitern, falls Sie sich öfter längere Reihen merken wollen. So eine erweiterte Liste braucht man z.B. für die 18-Uhr Nachrichten im AFN, die eine Stunde dauern.

Fallbeispiel: Nachrichten (AFN, 14. Nov. 1985, 18 Uhr)
Diese Sendung hörte ich an meinem Umzugstag auf dem Weg zu einem Vortrag. Wiewohl ich total erschöpft war und die Straßenverhältnisse katastrophal waren (Nebel, Glatteis), wollte ich diese Nachrichten einspeichern, um sie später im Referat als Fallbeispiel für die Technik zu zitieren. Und es gelang auch, mir die gesamten Nachrichten zu merken (bis heute!!); allerdings werde ich hier nur die ersten sechs Punkte kurz erwähnen, ich will ja nur das Prinzip illustrieren: Bitte beachten Sie, daß manche Punkte einerseits am Bild der Liste (z.B. Kerze) "aufgehängt" werden, gleichzeitig aber noch ein *weiteres Bild für ein Detail* (Reagenzglas) gebildet wurde, das dann sozusagen "drangehängt" wird, so daß jeder "Haken" in unserer PEG-Liste eine *ganze Bilderkette* tragen kann!

1. Reagan/Rede - **Kerze**

DIE NACHRICHT:
Heute abend wird Präsident Reagan eine Fernseh-Ansprache halten, wobei er insbesondere auf die Lage in den Universitäten eingehen will, was Forschung betrifft...
DAS BILD:
Reagan bei **Kerzenschein** im **TV-Studio**: Er blickt auf ein **Reagenzglas**, als Symbol für die Forschung. Auf diesem liegt der viereckige amerikanische **Universitätshut**...

Bei den folgenden Nachrichten können Sie gleich ein wenig *trainieren*. Sie erhalten zunächst die Meldungen 2-6; meine bebilderte Variation, d.h. meine persönlichen Vorstellungen zum Vergleich befinden sich im Anhang (S. 165), damit Sie völlig unbeeinflußt erst einmal Ihre eigenen mentalen Bilder machen können.

2. Umfrage/Kongress - **Schwan**

DIE NACHRICHT: *Wegen des in einer Woche geplanten ersten (1985 war das!!) Treffens Reagan/Gorbatschow wurden die Mitglieder des Kongresses von Presseleuten befragt, was sie sich von diesem einmaligen (damals, 1985!!) Treffen versprechen. Es war nicht viel...*

3. Umfrage/New York - **Pyramide**

DIE NACHRICHT: *In gleicher Sache befragte man auch den "Mann auf der Straße", und zwar in Manhattan, New York. (Hier hörte man die Stimmen einzelner Bürger, die ins Mikrophon sprachen. Auch sie hatten keine Hoffnungen, daß viel dabei herauskäme.)*

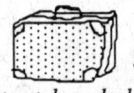

4. Geldnot im US-Haushalt - **Koffer**

DIE NACHRICHT: *Der Staatshaushalt ist total verschuldet. Wenn morgen der Vorschlag des Finanzministers nicht ratifiziert wird, werden viele Beamte am Monatsende einen ungedeckten Scheck ihres Arbeitgebers, des Staates, in Händen halten!*

5. Cruise-Missiles NL - **Hand**

DIE NACHRICHT: *Heute fiel in Holland die Entscheidung, die Cruise Missiles doch zu stationieren, wiewohl 40% der Bevölkerung in einem Memorandum dagegen gestimmt hatten.*

6. Margaret Thatcher - Dublin - **Elefant**.

DIE NACHRICHT: *Heute teilte Nr. 10 Downing Street (Sitz des jeweiligen englischen Premiers) mit, daß Irland, aufgrund eines neu ausgehandelten Vertrages, in Zukunft mehr Selbstbestimmungsrechte bekommen sollte.*

Wenn Sie jetzt Ihre Bilder mit meinen vergleichen wollen, dann blättern Sie bitte zum Anhang 2 (Lösungen, S. 165)

Wenn Sie mitgedacht haben, dann gibt es jetzt pro Nachricht zwei Möglichkeiten: Entweder Sie hatten Probleme (wie zahlreiche Seminar-Teilnehmer bei den ersten Übungen auch), dann hilft es Ihnen sicher, zu sehen, *daß* solche "trockenen Nachrichten" sehr wohl analog angereichert werden können! Oder aber Sie hatten bereits eigene Bild-Assoziationen (vielleicht sogar mit Mini-Ketten für weitere Details) im Kopf, als Sie im Anhang nachgeschaut haben? Dann dürfte der *Vergleich* interessant gewesen sein, weil Ihre Bilder sicher anders waren!

Sicher haben Sie jetzt eine ziemlich klare Vorstellung davon, wie diese Technik eingesetzt werden kann, oder? Seit ich mit dieser "Masche" zu arbeiten gelernt habe, mache ich fast gar keine schriftlichen Notizen mehr, merke mir aber weit mehr als früher. Das ist z.B. bei typischen Sitzungen (die in meinem Beruf als Unternehmensberater unvermeidlich sind) der Fall, bei denen ich früher massenhaft Notizen zu produzieren pflegte.

Allerdings konnten Sie sicher bereits feststellen, daß mentale Bilder aus vorhandenem Material gemacht werden. Das ist, als würde ein Film-Cutter Milliarden von Bildern besitzen, die jetzt in neue Kombinationen gesetzt werden. Daher gilt:

Je mehr Sie wissen, desto leichter wird es. Jemand, der sich nie um seine Allgemeinbildung gekümmert hat, hat natürlich auch weit weniger Bilder im Kopf. Hier sehen wir einen großen Vorteil des Fernsehens, denn dadurch bekommen Millionen von Menschen Vorstellungen von verschiedenen Ländern, Kulturen, Berufen, etc.!

Denken Sie noch einmal an Beispiel Nr. 5 oben: Wer eine Europa-Karte vor seinem geistigen Auge sieht, kann die Raketen natürlich leicht auf Holland "fallen lassen". Mit anderen Worten: Wenn Sie eine Nachricht hören und Sie haben *keine* klare Vorstellung, wo das erwähnte Land (die Stadt) ist, oder wie die besprochene Sache aussieht, dann sollten Sie nachschlagen!

In diesem Zusammenhang möchte ich erwähnen, daß es mich ungemein ärgert, wenn Korrespondentenberichte aus aller Welt im deutschen Fernsehen zu sehen sind, ohne daß man vor dem Bericht auf der Landkarte zeigt, wo dieses Gebiet ist (wie dies im holländischen, schweizerischen und britischen Fernsehen in 95% aller Fälle geschieht). Achten Sie einmal darauf! Weitere Hinweise auf halbhirniges Vorgehen im Fernsehen finden Sie in Kapitel 4 (unter der Überschrift: *Gehirn-gerechtes Fernsehen*).

Falls Sie, wie viele meiner Seminar-Teilnehmer zunächst meinen sollten, Sie hätten nicht die Zeit, sich bewußt Bilder zu machen, so bedenken Sie bitte, daß dies zur zweiten Natur werden muß; also nach Ihrem Training ohne jeden Zeitverlust abläuft. Im Gegenteil: Ich spare sogar noch Zeit! Ich bekomme weit schneller einen Überblick als Gehirn-Muffel, denen die Vorstellungen, die sie sich machen, nicht *bewußt* vor ihrem geistigen Auge stehen. Also spare ich beim Aufnehmen einer Info Zeit und denke weit schneller über die Situation nach als meine Gesprächs-Partner, die noch damit beschäftigt sind, sich krampfhaft Notizen zu machen!

Haben Sie schon einmal bedacht, wieviel Zeit *Sie* sparen könnten, wenn Sie weniger notieren würden? Erstens kostet das Aufschreiben Zeit. Zweitens: Je ausgebreiteter die "Zettelwirtschaft" ist, desto größer ist die Gefahr, daß Sie einen Zettel verlieren oder nicht mehr rechtzeitig lesen! Zeit verlieren Sie jedoch auch bei ordnungsgemäßer Erledigung *jedes* Zettels, wenn Sie alle Ihre Notizen später *wieder* zur Hand nehmen, lesen und bearbeiten müssen. Selbst wenn Sie eine gute Sekretärin haben, die Ihre diktierten Geistesblitze für Sie schreibt: *Sie* müssen diese getippten Notizen später ja doch wieder lesen (außer es handelt sich um Anweisungen an andere Mitarbeiter).

Fazit: Jede *Wiedervorlage* kostet Zeit, Ihre wertvolle Zeit! Wer gehirn-gerecht vorgeht, muß weit weniger notieren und daher auch weit weniger Notizen später noch einmal bearbeiten!

Kapitel 4

Bilder-Machen in der täglichen Praxis

Wenn man alles bisher Gesagte bedenkt, dann wundert es nicht, daß enorm viele Menschen in diesem unserem Lande (der Dichter und Denker!) zu dem Wort *Lernen* eine negative Beziehung haben. Während ein Buchtitel mit *lernen* in der angelsächsischen Welt gut geht, müssen deutsche Verlage darauf achten, dieses Wort zu vermeiden. Denn, wer meint, er könne nicht gut lernen, für den löst allein der Begriff unangenehme Assoziationen aus (und dies ist ebenfalls das Resultat eines Lernprozesses!) Trotzdem steht fest, daß erfolgreiches Hören oder Lesen automatisch *lernen* bedeutet. Schließlich lesen Sie Briefe, Memos, Zeitungen und Fachzeitschriften in der Hoffnung, sich das Wesentliche zu merken. Und Sie sehen fern, um sich zu *informieren*, d.h., *die Information* ins Gedächtnis zu speichern (= lernen!)

Wenn Sie gehirn-gerecht sehen, hören und lesen, dann werden Sie sich das Wesentliche mühelos merken. Und Sie werden feststellen, daß das Merken eine Fähigkeit ist wie Rätselraten, Bridge, Backgammon, Go oder Schach: Übung macht nicht nur Meister, sondern sogar Spaß!!

Allerdings sollten Sie zunächst lernen, jede wichtige Information sofort einzuordnen: Ist sie *gehirn-gerecht*? Wenn ja, dann ist sie leicht zu begreifen und zu merken. Andernfalls entscheiden Sie: Will ich sie trotzdem begreifen/merken? Wenn ja, dann werden *Sie* selbst sie gehirn-gerecht machen. Das ist intelligenter und macht mehr Freude als stures Büffeln.

1. Gehirn-gerechtes Fernsehen:

Wenn Sie einen Spielfilm sehen, werden Sie hinterher in der Regel das Wesentliche wissen. Sie können die Story nacherzählen und sich an ganze Szenen erinnern. Warum? Weil ein guter Spielfilm gehirn-gerecht ist. Nur halbhirnige Informationen lassen einem die "Füße einschlafen" (und das Denkhirn). Dies gilt für einen langweiligen Spielfilm genauso wie für Nachrichten oder Dokumentar-Sendungen. Der gemeinsame Nenner für gehirn-gerechte Sendungen aller Art ist: *Bilder und Ton passen zusammen!* Ganz anders sieht es bei einem halbhirnigen TV-Beitrag, besonders bei Dokumentationen oder Nachrichten, aus.

Hier gilt eine eiserne Regel für Regisseure und Cutter: *Es muß sich immer etwas bewegen!* Also *hören* Sie in einem Brasilien-Bericht gerade, wieviel Prozent der Kinder hier in den Slums das fünfte Lebensjahr nie erreichen werden, *während ein Bus vor der Kamera vorbeifährt!* Oder Sie hören, wieviele der Bewohner arbeitslos sind, während im *Blickfeld ein Mann einen Esel quer vor der Kamera vorbeiführt* u.s.w. Diese Kombination ist eine Beleidigung für Ihr Gehirn! Weder ist Frau Rechts ein Schaubild geliefert worden, noch hatte sie eine Chance, (durch eine ruhige Szene) sich selbst ein Bild zu den Zahlen zu machen! Also gibt sie auf, und Sie als *Gehirn-Besitzer* sehen sich brav die bewegten Bilder an und lassen sich von der Stimme des Kommentators "berieseln". Tja, und dann wissen Sie nachträglich nur: *Das war interessant!* Nach Details gefragt, zucken Sie die Achseln: *Na ja, gemerkt hab ich mir nicht viel, ich habe nämlich so ein schlechtes Gedächtnis...* Unsinn!

Nun gibt es beim Fernsehen immer zwei Möglichkeiten:
1. Sie wollen lediglich unterhalten werden!
   Dann sehen Sie sich solche Filme an wie früher. Sie gewinnen einige Eindrücke über fremde Länder oder neue Sachgebiete, aber keine Klarheit. Sie lernen fast nichts. (Ca. **68 %** der Infos solcher Filme werden gar nicht verstanden, nur ca. **12 %** des verstandenen Textes können behalten werden.)

2. Sie würden sehr gerne etwas lernen wollen!
   Dann sehen Sie nicht wie früher fern! Gehen Sie wie nachfolgend beschrieben vor!

Erstens halten Sie einen Notizblock (für Zahlen, Namen etc.) griffbereit. Zweitens notieren Sie sich alle Zahlenwerte sofort! Daß Sie dabei einige Bilder des Berichtes nicht sehen können, ist unerheblich! *Im Gegenteil*, bei solchen Berichten lenken die Bewegungen in den Bildern Ihre geschätzte Aufmerksamkeit eher noch vom Wesentlichen ab! Drittens: Sofort oder gleich im Anschluß an die Sendung bereiten Sie diese (digitalen) Zahlen analog auf. Denken Sie an das Beispiel der Wahlnacht zurück. Zahlen als Säulen dargestellt und farblich kodiert, geben sofort einen Über-Blick, ein Bild.

 Wenn Sie kariertes Papier nehmen, ist es sehr leicht, solche Säulen (oder Rechtecke als Kolumnen) zu erstellen: *10 Kästchen sind 100 %*. Falls Sie größere Formate lieben: Es gibt Blocks mit viel größeren Kästchen zu kaufen; diese sind für solche Graphiken gut geeignet. Oder aber: Sie nehmen ein Blatt Millimeter-Papier, welches klitzekleine Kästchen (Dünndruck) und größere (Halbfettdruck) enthält. Hier kann man Zahlen in Sekunden *analog* umsetzen!

Außerdem kann man *Mini-Skizzen* machen statt Wörter aufzuschreiben; dies ist reine Übungs-Sache. Falls Sie meinen, Sie könnten nicht zeichnen; wir kommen darauf noch zurück (s. Kapitel 6: *Jeder kann zeichnen!*). Nach wenigen Trainings-Aufgaben in der oben beschriebenen Art haben Sie eine *neue Routine* gelernt. Dann können Sie diese *während* des Fernsehberichtes einsetzen! Wenn im Bericht ein *Fallbeispiel* gebracht wird, das Ihnen einleuchtet, notieren Sie nur ein Stichwort (oder einen Namen). Wenn ein *Experiment* vorgeführt wird, *skizzieren* Sie die Versuchs-Anordnung, z.B. eine Waage, auf der gewogen wurde, eine schiefe Bahn, auf der etwas heruntergerollt ist, ein Reagenz-Glas, in dem etwas vermischt worden war. U.s.w.

2. Gehirn-gerechtes Lesen:

Da man hier nicht durch bewegte Bilder abgelenkt wird und den Leseprozeß jederzeit anhalten kann, finden viele meiner Seminar-Teilnehmer das Lesen leichter als Fernsehen.[1] (Wir gehen jetzt davon aus, daß Sie

---

[1] Interessanterweise bietet eine Video-Aufzeichnung ähnliche Möglichkeiten; Sie können anhalten, zurückspulen etc.

Sach-Informationen lesen wollen.) Leider gibt es jedoch viele Autoren, deren Ziel nicht ist, zu informieren, sondern zu publizieren. Beim ganzhirnigen Lesen werden Sie in Zukunft weit deutlicher wahrnehmen, welche Ihrer angeblichen Leseschwierigkeiten in Wirklichkeit durch einen solchen Autor verursacht werden!

Wenn Sie so einen halbhirnigen Text lesen *wollten*, jetzt aber merken, daß er Ihnen doch zu wenig Anhaltspunkte für Vorstellungen liefert, dann rate ich Ihnen: Machen Sie es wie beim Fernsehen, wenn Ihnen eine Sendung nicht gefällt: Wechseln Sie den "Kanal", d.h., suchen Sie einen *anderen Autor* zum selben Thema. *Müssen* Sie den Text hingegen lesen (z.B. ein Lehrbuch oder ein Memo Ihres Chefs), dann sollten Sie die digitalen Botschaften erst analog entschlüsseln. Zwar ist dies "Arbeit", die Sie *für den Autor* leisten müssen, aber diese Tätigkeit ist immer noch interessanter und zeitsparender als denselben Text mehrmals hintereinander zu lesen und dabei Frustrationsgefühle oder Zweifel an Ihrer Intelligenz zu erleiden! Denken Sie bitte auch an die Widerstände und den Energie-Verschleiß (*hoRmo sapiens*), den wir bereits (Kap.1) besprochen hatten.

Interessanterweise gibt es Autoren, die Ihren Lesern sogar *vorschreiben*, man *müsse* das Buch mehrmals lesen, bis man es begreifen könne. Sie erklären gerne, ihre Materie sei leider "trocken", was ich für eine Schutzbehauptung halte. Ich bin da mit meinem Vater einig, der immer behauptet:

Es gibt überhaupt keine trockene Theorie, nur jede Menge trockener Theoretiker, als da sind Professoren, Dozenten, Autoren, Lehrer, Eltern, Chefs, Kundenberater etc.!

Das nehmen uns die "trockenen Theoretiker" im Seminar immer sehr übel. Besonderen Ärger hatte ich einmal mit EDV-Fachleuten, mit denen ich mich fast "angelegt" hätte! Da ich ihre Argumente (*Informatik ist trocken, da führt kein Weg daran vorbei!!!*) während der heißen Diskussionen im Seminar, mangels EDV-Kenntnissen, nicht entkräften konnte, kaufte ich mir einen kleinen Heim-Computer (C64). Drei Monate später erschien mein erstes gehirn-gerechtes Programmier-Buch (*Einführung in Simon's BASIC - Schwerpunkt Grafik*)[2]. Jetzt kann niemand mehr behaupten, Informatik sei halt trocken! Aber zurück zum Lesen:

---

[2] Inzwischen gibt es meine Einführung für jedermann: Von Null Ahnung zu etwas EDV. Es handelt sich um ein Set, bestehend aus einer Tonkassette (Hörspiel) und einem Büchlein, zusammen für DM 29.90 (Verlag Beste Unternehmensführung, 1987), im Buchhandel!

SCHRITT 1: Erst den Überblick

Ihre rechte Hirnhälfte will den Über-Blick, das Gesamt-Bild, die Gesamt-Schau. (Sie ist ja für Synthese zuständig.) Also verschaffen Sie sich diesen Überblick, indem Sie folgendes *zuerst* lesen:

Bei Büchern:
- Rückseite und Klappentexte,
- Inhaltsverzeichnis,
- Zwischenüberschriften und
- (falls vorhanden) Zusammenfassungen!

Bei Artikeln:
- Titel, Untertitel und
- (falls vorhanden) fett gedruckter erster Absatz,
- Zwischenüberschriften und
- (falls vorhanden) Zusammenfassungen!

Wenn *Abbildungen* vorhanden sind, so sehen Sie sich diese *vorher* an. Wenn hier *Bildunterschriften* angeboten werden, lesen Sie diese ebenfalls vorab. Jetzt hat Ihre rechte Hirnhälfte eine "erste Ahnung" erhalten.

SCHRITT 2: Den Grund vorbereiten

Sie wissen, daß der Kunstmaler bei manchen Farben erst grundieren muß. Ein ähnlicher *Grundierungs-Vorgang* ist beim Lesen sehr hilfreich, insbesondere, wenn der Text Sie in ein neues Sachgebiet einführen soll! Nehmen Sie einen Stift, lesen Sie die Inhaltsangabe und Zwischenüberschriften zum jeweiligen Kapitel, und stellen Sie fest:

1. Was weiß ich bereits zu diesem Thema?
2. Welche ersten Assoziationen fallen mir dazu ein?
3. Was interessiert mich am meisten?
4. Wozu will ich mehr Information (mein Ziel)?

SCHRITT 3: Das Lesen selbst

Bilden Sie aus jeder Überschrift eine Frage!
Und zwar immer mit dem Hintergedanken: Was bietet *mir* der Autor in
meiner *derzeitigen* Situation? Durch diesen Prozeß konzentrieren Sie sich
und stimmen sich auf die Thematik ein! Also kann später zwangsläufig
mehr hängen bleiben! Außerdem liest man weit aufmerksamer, wenn man
auf eine Antwort wartet. Dies hat mehrere Gründe:

> <u>Die Frage löst erste Assoziationen in Ihnen aus</u>:
> Was fällt Ihnen als vorläufige "Antwort" ein? Diese Gedanken schließen Sie ge-
> wissermaßen für die des Autors auf!

> <u>Diese Assoziationen bauen gewissermaßen ein Netz auf</u>, in das die antwortenden
> Informationen sich vollautomatisch "einhaken" werden.

> <u>Ihre Frage bewirkt, daß Sie es sofort merken, wenn der Autor einen Teil seiner</u>
> <u>Botschaft vergessen hat</u>. (Dann glauben Sie nämlich später nicht, *Sie* hätten das
> Detail vergessen.) Angenommen, die Überschrift lautet "Acht Tricks, wie Sie Ihren
> Chef zu einer Gehaltserhöhung überreden können", aber dann folgen nur sieben...

ver-BILD-lichen Sie das Gelesene!
Das wird Ihnen nach Ihrem Training nicht mehr schwerfallen.

Hängen Sie Abstrakta an Fallbeispielen auf!
Machen Sie es also, wie in Kap. 3 (Selbstwertgefühl, S. 54) bereits erwähnt
worden war: Angenommen, Sie lesen heute etwas über *Motivation*. Fragen
Sie sich gleich zu Anfang des Artikels (Abschnitts), ob Sie überhaupt eine
klare Vorstellung zu diesem Begriff besitzen. Das merken Sie daran, daß
Ihnen sofort mindestens ein Fallbeispiel für eine Motivations-Situation
einfällt. (Gegenprobe: Können Sie einem aufgeweckten Zehnjährigen erklären, was das Wort bedeutet?) Jetzt gibt es zwei Möglichkeiten:

1 <u>Sie haben ein Fallbeispiel</u>: Dann hängen Sie den Begriff Motivation
   daran auf und beziehen alle weiteren Gedankengänge immer wieder
   auf diese eine Situation. Falls das nicht "funktioniert", dann war Ihr
   Fallbeispiel nicht optimal, dann müssen Sie das Wort doch nachschlagen (außer, Sie vermuten, daß der Autor es möglicherweise falsch
   verwendet. Auch das kommt natürlich vor!).

2 <u>Sie können kein Fallbeispiel finden</u>. Das heißt, der Begriff ist Ihnen nicht vertraut genug, um den Text selbst mit Verständnis weiter zu lesen (hören). Also müssen Sie doch ein Wörterbuch wälzen. Oder aber Sie fragen jemanden, der es eigentlich wissen müßte (d.h. Sie spielen auf alle Fälle Detektiv). Nach dem Motto: *Man muß nicht alles wissen, man muß nur wissen, wo es steht* (bzw. wer es weiß). Dieses Nachschlagen (Fragen) ermöglicht dann das Bilden *Ihres* Fallbeispiels.

Ab jetzt wird dieser Begriff für Sie untrennbar mit diesem Fallbeispiel verbunden sein. Im Lauf der Zeit mögen andere hinzukommen, aber Sie werden immer eine klare Vorstellung zu diesem Begriff haben!

Lesen Sie mit Farben!

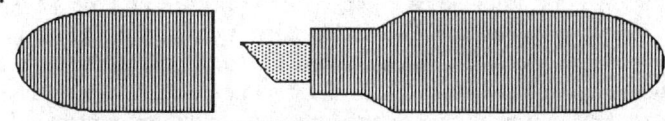

Erstens verstärken Farben den Auf**merk**samkeitswert einer Information (warum glauben Sie, gibt die Werbung Unsummen von Geld für farbige Anzeigen aus?). Sie nehmen somit die Information sowohl während des "Anmalens" als auch später bewußter wahr. *Zweitens* unterstützt der Prozess des "Anmalens" die Gedächtnisleistung, wie jedes Kind weiß, bis man ihm "tausendmal" gesagt hat, es dürfe in seine Bücher nicht hineinmalen. Falls Sie Vater oder Mutter sind, bedenken Sie bitte: Für wieviel Unsinn hat man Geld; sollte da wirklich nicht genügend Geld da sein, um dem Kind die Schulbücher zu *kaufen*, damit es auch effizient Lesen und Lernen kann??!

Was aber soll man nun "anmalen"? Zweierlei:

a) **Wichtige Gedankengänge** im Text hervorheben.
b) **Digitale & analoge Infos optisch koordinieren**,
    wenn beide gegeben sind (s. folgendes Beispiel):

Beispiel: Dienzephalon
Sie lesen ein Lehrbuch zum Gehirn: Wenn Sie sowohl in der *Abbildung* das <u>Dienzephalon</u> gelb anmalen als auch im *Text* sämtliche Bemerkungen, die sich auf diesen Gehirnteil beziehen, dann wird dieses <u>Dienzephalon = gelb</u> so gut kodiert, daß Sie sich später (z.B. in einer Prüfung) wirklich hervor-

ragend erinnern können! Sie sehen als erstes seine (gelbe) Position im Gehirn (wie auf einer Landkarte) vor Ihrem geistigen Auge, dann fällt Ihnen ein, was Sie über seine Funktion gelesen haben...

 SCHRITT 4: Nach dem Lesen

Nach jedem Abschnitt oder Kapitel fragen Sie sich: *Weiß ich jetzt mehr als vorher?* Und: *Wie lauten die Antworten zu den Fragen, die ich an den Autor gerichtet habe?*

Falls Sie feststellen, daß Sie *nicht* mehr wissen bzw., daß dieser Autor Ihre Fragen überhaupt nicht beantwortet, dann wechseln Sie den Autor! Angenommen, ein Kapitel heißt: "Tricks für die Börse", und Sie stellen fest, daß Sie keinen einzigen begreifen, also auch nicht anwenden können. So ein Buch können Sie nur einem Fachmann (Ihrem Steuerberater vielleicht) geben, aber selber brauchen Sie nicht weiterzulesen! Wenn Sie nach dem Lesen nicht deutlich (mit klaren Vorstellungen in Ihrem rechten Hirn) mehr wissen als vorher, dann lohnt sich das Lesen dieses Buches zu diesem Zeitpunkt nicht!

Wenn Sie ein Buch zu einem Gebiet lesen wollen, auf dem Sie bereits Vorkenntnisse haben, so können Sie sehr leicht die guten (gehirn-gerechten) von den schlechten Autoren unterscheiden. Und wenn Sie einem Freund ein Buch über eines Ihrer Hobbies schenken wollen, um ihn in die Thematik einzuführen, so können Sie ebenfalls leicht ein geeignetes Buch für Einsteiger auswählen. Was aber, wenn Sie selbst einsteigen wollen und alleine einen Autor finden müssen? Vielleicht wollen Sie in Frage kommende Autoren erst *testen* (insbesondere bei Büchern), damit Sie nicht als "Fach-Spanier" einem Autor aufsitzen, der "Fach-Chinesisch" schreibt. Der folgende Test wurde von meinem Vater entwickelt und hat unseren Seminar-Teilnehmern seit langem gute Dienste geleistet:

Checkliste "gegen" Autoren - aber "für" Leser

Checkpunkt 1: Stichwortverzeichnis vorhanden?
Stellen Sie fest, ob das Buch ein Stichwortverzeichnis (Glossar) besitzt. Hier sind die wichtigsten Stichworte des Buches alphabetisch (mit Seitenzahl) aufgelistet. Merke: Bücher ohne Stichwortverzeichnis sind in der Regel

zum *Einsteigen* in eine Thematik nicht geeignet. Erstens, weil ein Autor, dem die (ekelhafte!!) Arbeit des Stichwortverzeichnisses zu viel Mühe ist, seine Leser nicht sehr schätzt. Also schreibt er für sich, für den Verlag, für Geld... aber nicht für Sie! Zweitens, weil Sie die folgenden beiden Schritte ohne dieses Verzeichnis nicht durchführen können.

Checkpunkt 2: Ein bekanntes Wort

Suchen Sie im Stichwortverzeichnis ein Wort heraus, das Ihnen bekannt ist. Schlagen Sie die erste Seitenzahl auf, die dahinter steht, z.B.:

> Kognitive Dissonanz, **17**, 33ff, 45, 112.

Auf Seite 17 kommt der Ausdruck zum erstenmal vor; hier wird der Autor ihn einführen oder erklären. (Dies gilt für Sachbücher, welche sich an Laien richten; bei Fachbüchern setzt man Kenntnis der Fachausdrücke voraus.) Nun wissen Sie ja bereits etwas darüber. Also können Sie an *dieser* Text-Stelle eine intelligente (und für den Autor faire) Stilprobe vornehmen. Stellen Sie fest: *Wie geht der Autor vor? Schreibt er einen verständlichen Stil? Erklärt er anhand von Fallbeispielen oder Bildern?*

Checkpunkt 3: Ein unbekanntes Wort

Wenn der zweite Test positiv verlaufen ist, schlagen Sie ein Wort nach, über das Sie noch nichts wissen! Jetzt zeigt sich noch klarer, ob dieser Autor (un-)verständlich für Sie ist! Denn, es gilt ja nicht, einen Autor für den Nobelpreis auszusuchen, sondern einen Autor, der Ihnen persönlich den Einstieg in diese Thematik erleichtern kann! Erst wenn Sie das Gefühl haben, mit *diesem* Autor gut "kommunizieren" zu können, lesen Sie von Anfang an. (Ein guter Sach–Text ist immer ein Dialog mit dem Leser.)

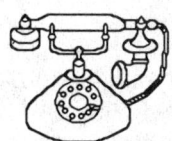

3. Gehirn-gerechtes Hören:

Wer die Technik des Bilder-Machens beherrscht, für den gilt: Wenn der andere verständlich spricht, versteht man leicht und mühelos! Außerdem merkt man sich viel mehr als beim normalen Hören ohne bewußte Bilder. Kann der Sprecher sich jedoch nicht klar ausdrücken, so daß man sich als Hörer kein klares Bild machen kann, so merkt man dies sofort. Statt ein Miß-Verstehen zu "erleiden", kann man jetzt durch Rückfragen sofort

abklären, was zu vage ausgedrückt bzw. vergessen worden war.
Wer mich kennt, weiß, daß kein Gespräch ohne Papier und Stifte stattfindet.
Erkläre ich ein Denk-Modell, so zeichne ich auch oft. Bespreche ich den
Plan für ein neues Buch, so entsteht dieser auch optisch, wie folgender
Wegweiser zu meinem Taschenbuch *Erfolgstraining*.

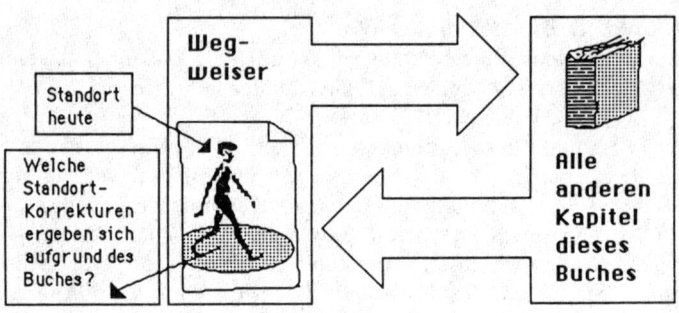

Wenn *auch Sie* sich (in der Zukunft) automatisch immer Bilder machen
(werden), dann werden Sie allerdings voller Erstaunen (z.T. sogar mit Ent-
setzen) feststellen:

- Die Leute sagen fast nie, was sie wirklich meinen!
  "Haben Sie eine Uhr?" bedeutet in der Regel: *Können Sie mir bitte die
  Uhrzeit sagen?* - "Haben Sie Feuer?" soll heißen: *Ich möchte meine
  Zigarette, (Zigarre, Pfeife) rauchen.* - Mit "Kennen Sie den Weg zum
  Rathaus?" meint man: *Bitte erklären Sie mir den Weg zum Rathaus.*
  "So isses!" bedeutet: *Ja, das entspricht genau meiner Erwartungs-
  haltung bzw. meinen Erfahrungen!* U.s.w.

- Die meisten Leute drücken sich unklar aus!
  Damit meine ich die Art von Unklarheit, die sich aufgrund von
  wischi-waschi Vorstellungen des Sprechers ergeben. Wenn Sie (bald)
  gehirn-gerecht zuhören (werden), dann merken Sie dies plötzlich.
  Hören Sie einmal zu, wenn jemand Ihnen einen Ablauf schildert, den er
  erlebt hat:

  – "Ja, und dann geht er raus - du weißt schon wie er immer rausrennt, wenn er
    sauer ist, und dann nimmt er die Whiskyflasche vom Tisch ..."
  – "Ich denke, er ging raus?"
  – "Na, der Müller doch! Aber der Meier hat die Flasche ..."

Wenn *Sie* ein klares Bild vor Augen haben, können Sie in vielen Fällen richtig ergänzen oder aber bewußt zur Kenntnis nehmen, wann Sie nicht eindeutig ergänzen können, Sie also noch Fragen stellen müssen!

- Viele Leute wissen gar nicht genau, was sie sagen!
  Fragen Sie mal zehn Menschen: "Was machen Sie eigentlich *genau beruflich?*" Selten werden Sie sich ein klares Bild machen können, weil der Sprecher nämlich meist keines hat. (Wenn es z. B. in seinem Betrieb keine klare Arbeitsplatzbeschreibung gibt, kann der Sprecher ja kein klares Bild haben!) Er sagt zum Beispiel: "Also, ich bin Product-Manager." Nehmen wir an, Sie fragen: "Ja, aber *was genau tun Sie wirklich?*" - "Tja, also, ich überwache die Produktion." Nun, haben Sie jetzt ein klares Bild? Wahrscheinlich nicht! Überwacht er Menschen oder Computer? Sitzt er an einem Schreibtisch und kontrolliert Computer-Printouts oder spricht er oft mit den Meistern? Was genau macht er?

Die Fähigkeit, Bilder zu machen, hilft auch in der Kommunikation. Entweder Sie haben ein klares Bild, wenn Sie zuhören, oder Sie merken ganz bewußt, daß Sie keines haben. Dann können Sie im Hier und Jetzt gezielt rückfragen, um Mißverständnisse zu vermeiden.

Übrigens: *Zwischenfragen sind gut für die Kommunikation.* Wieso? Überlegen Sie einmal! Jede Frage zeigt, daß Sie den anderen ernst nehmen und daß Sie ihn wirklich verstehen wollen! Aber jede Ihrer Fragen klärt auch *seine* Denkprozesse ab, so daß Ihr Gesprächs-Partner (Kunde, Mitarbeiter, Lebenspartner, Schüler) hinterher oft meint, *er* habe aber gut erklärt![3]

Damit die Fragen nicht verletzen, sind Formulierungen wie die folgenden hilfreich:

- Entschuldigen Sie, aber ich kann mir darunter (noch) nichts vorstellen, das ist ja für mich ein unbekanntes Gebiet. Darf ich nochmal nachfragen?
- Meinen Sie, daß Sie dem Meister sozusagen über die Schulter gucken?
- Wie meinen Sie das bitte?
- Ist dieser Aspekt wichtig? Ich habe es nämlich noch nicht ganz verstanden.

Solche Formulierungen beweisen *Ihr Bemühen* zu verstehen. Der Schwerpunkt liegt auf *Ihrem* Begreifen, nicht auf der Nachricht des "Senders".

---

[3] Das heißt, er merkt gar nicht, daß er durch Ihre Fragen selbst ein weit klareres Bild seiner Information erhält!

Damit Sie Ihre grauen Zellen ein wenig trainieren können, folgen jetzt einige Denksportaufgaben, die nur ganzhirnig zu lösen sind! Sie stellen eine gute Vorbereitung für die Ideen des nächsten Kapitels dar!

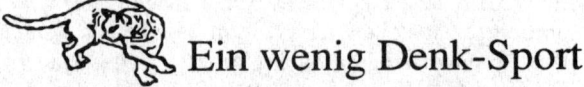 # Ein wenig Denk-Sport

Curiosity killed the cat. Das ist ein englisches Sprichwort (Neugierde hat die Katze getötet!). Neugierde ist ein Symptom eines gut *funktionierenden rechten Hirns* und eben deshalb für Linkshirnler suspekt! Ausgezeichnetes Training für gezielte Neugierde und Bilder-Machen sind Denksportaufgaben! Hier folgen fünf Appetit-Happen, falls Sie *sofort* anfangen wollen. Vielleicht machen sie Ihnen Lust, sich einige Denk-Bücher zu besorgen, um alleine oder im Familien- und Freundeskreis möglichst bald weiterzumachen?

Übung Nr. 1: Das Armband:
Sie haben ein Armband, welches aus sieben Ringen besteht. (Fertigen Sie selbst eine Skizze an!) Sie sind mit Ihrer Miete im Rückstand und werden erst in einer Woche (in sieben Tagen) bezahlen können. Der Vermieter ist einverstanden, pro Tag einen (weiteren) Ring als Pfand zu akzeptieren. Aber er macht zur Bedingung, daß nur ein einziger Ring Ihres schönen Armbandes zerschnitten werden darf, damit Ihr Schaden nicht zu groß wird. Wie gehen Sie vor?

Nun, Sie haben die Aufgabe doch gelöst[4], ehe Sie hier weiterlasen?! Falls nicht, beachten Sie bitte: Je leichter es Ihnen fällt, desto näher sind Sie dem Ziel sowieso! Das macht Spaß! Je schwieriger es ist, desto *notwendiger* ist es, wenn Sie kein Gehirn-Muffel bleiben wollen! Also, werden Sie spätestens jetzt bitte die Aufgabe lösen?

---

[4] Falls Sie Ihre Lösungen dann doch vergleichen wollen, so finden Sie diese im Anhang 2, S. 165 f

Übung Nr. 2: Der Nußkuchen:

Sie haben einen runden Nußkuchen gekauft. Ursprünglich hatten Sie sechs Gäste erwartet, aber jetzt kommen sieben, so daß mit Ihnen acht Personen da sind. Teilen Sie den Kuchen mit nur drei (!!) Schnitten in 8 Stücke auf! N.B.: Ohne Vorstellung (rechte Hemisphäre) oder Zeichnung geht es nicht!

Übung Nr. 3: Die Billardkugeln:

Bitte machen Sie diesmal (noch) keine Notizen! Gehen Sie so vor, daß Sie jeden Satz lesen, sich die Situation kurz vorstellen, dann den nächsten Satz lesen, sich die neue Situation vorstellen etc.

1. Stellen Sie sich eine weiße Billardkugel vor.
2. Fügen Sie, links von der weißen Kugel, eine rote hinzu.
3. Fügen Sie, rechts von der weißen, eine blaue hinzu.
4. Fügen Sie, rechts von der blauen, eine gelbe hinzu.
5. Schieben Sie die gelbe zwischen die rote und die weiße Kugel.
6. Fügen Sie ganz rechts eine grüne hinzu.

Jetzt tragen Sie die Reihenfolge der Kugeln hier ein (möglichst, ohne den Text ein zweites Mal zu lesen!):

_____, _____, _____, _____ und _____.

Übung Nr. 4: Das kaputte Treppenhaus:

Sie wissen, manchmal ist ein Lift kaputt. Dann müssen alle zu Fuß gehen. Heute ist aber das Treppenhaus nicht zugänglich, also müssen alle Leute, die das Haus betreten, den Lift benutzen. Im Erdgeschoß ist ein Buchladen; im 1. Stock eine Anwaltskanzlei; im 2. Stock ein Massage–Salon (dessen "Massagen" die Krankenkasse allerdings nicht bezahlt); im 3. Stock ist die Wohnung des Anwalts; im 4. Stock ist ein "richtiger" Massage–Salon und im 5. Stock ist ein kleines Café, in dem Klienten des 1., 2. und 4. Stockwerks z.T. warten, wenn sie zu früh dran sind. Nun, keiner kann das Treppenhaus benützen. Frage: Welcher Knopf im Lift wird heute am häufigsten gedrückt?

Es folgt ein Zitat aus einem enorm vergnüglichen Denk-Trainings-Buch mit dem Titel: *Denken als Spiel*[5]. Es ist optimal geeignet all jenen zu helfen, die auf dem Weg vom Gehirn-Besitzer zum Gehirn-Benutzer sind. Das

---

[5] Quelle: Willi Hochkeppel, Denken als Spiel, S.113 ff.

folgende Sprach-Rätsel kann man alleine oder mit Freunden (Wer schafft's zuerst?) angehen. Dies kann sehr spannend werden, wie die Seminar-Arbeit immer wieder zeigt.

Übung Nr.5: Ein Sprachrätsel
(nach HOCHKEPPEL)

Die Idee zum (folgenden) Spiel stammt von der US-Armee, die während des Zweiten Weltkrieges sprachbegabte Leute suchte. Kluge Köpfe entwarfen einen Text in einer völlig logischen künstlichen Sprache. Die Prüflinge sollten möglichst viele Sinn- und Formengesetze entdecken und mit ihrer Hilfe andere kurze Texte in diese Kunstsprache übersetzen. Diesem Prinzip sind wir bei der nun folgenden Aufgabe nachgegangen. (Alle wirklichen, lebendigen Sprachen sind natürlich bis zu einem gewissen Grade unlogisch – wie das Wesen, das sie produziert hat.)

In den unwegsamen Gebirgen Zentralasiens war die uralte Kultur der Eborier beheimatet. Dr. Niegenug, der deutsche Privatgelehrte, widmete ihr einen beträchtlichen Teil seiner Lebensarbeit. In jahrzehntelangen Ausgrabungen stellte er genügend Material sicher, um eine Grammatik und Formenlehre des Eborischen zusammenstellen zu können. Allerdings: Sein Lebenswerk war völlig ungeordnet, als ihn bei seiner letzten Expedition ein tückischer zentralasiatischer Bazillus hinwegraffte.

Seine Erben standen vor einem scheinbar unlösbaren Problem: Aus einem Wust losen Zettelmaterials galt es, eine Systematik des Eborischen aufzubauen - und außerdem die Übersetzungen ins Eborische zu klären, die Dr. Niegenug sozusagen als Steckenpferd angefertigt hatte. Zunächst fielen den Ordnern des Nachlasses drei Zettel in die Hände. Der erste enthielt einen kleinen Wortkatalog, der zweite einige Bemerkungen zur Formenlehre, und der dritte zwei Zeilen, die offenbar einen Übersetzungsversuch darstellten. Den findigen Nachlaß-Ordnern gelang es, mithilfe der ersten beiden Zettel herauszufinden, daß der dritte die Übersetzung eines Gedicht-Anfangs aus der deutschen Literatur war. Zwei Erkenntnisse Dr. Niegenugs halfen ihnen dabei: erstens, daß das Eborische eine agglutinierende, das heißt durch Anfügungen von Silben arbeitende Sprache war, und zweitens, daß es eine aufs höchste stilisierte und formalisierte literarische Technik kannte, vergleichbar der Liedkunst der nordgermanischen Skalden.

📄 Erster Zettel:

jaku	der Schritt
höpu	das Gesprochene, das Wort
wawras	gebären
fri	ich
grito	dein

📄 Zweiter Zettel:

-nu-	Partizip-Suffix[6]
-mbo-	Passiv-Suffix
-ro	Anrede-, Vokativ-Suffix
-ke-	Vergangenheits-Suffix
-pe-	Zukunfts-Suffix
-tla	Höflichkeits-, Verehrungs-Partikel
-xin	Suffix der Verneinung

📄 Auf dem dritten Zettel stand nun:

frito wawrasnukemboro, höpaske wawrasnuketla:
fri jakaspe - gri jakaspexin

Wenn Sie erraten (besser: erschließen), was dieser Text bedeutet, wären Sie ein qualifizierter Nachlaßverwalter von Dr. Niegenug. (Auflösung im Anhang, S.167)

Sie sehen, ohne die Vor-Stellung geht es nicht. Wenn man aber mit dem ganzen Hirn arbeitet, dann "fallen einem die Schuppen von den Augen". Oder? Hatten Sie Schwierigkeiten? Fühlen Sie sich vielleicht doch ein wenig frustriert, weil Sie zu keiner Lösung kamen? Nun, dann sollten Sie schleunigst ein paar Rätsel-Bücher kaufen (z.B. den HOCHKEPPEL, aus dem diese letzte Übung stammt?) und öfter mal mit dem Hirn "joggen"...

---

[6] Suffix = Nachsilbe

Kapitel 5

Gehirn-gerechtes Denken

In diesem Kapitel wollen wir einige Denk-Prozesse betrachten, und zwar als erstes das *unbewußte Denken*. Es lohnt sich nämlich, unbewußte Mechanismen[1] bewußt auszunutzen, so paradox dies auch klingt. Zweitens geht es um das *bewußte* Denken im Sinne von *Notizen* (Pläne) machen, z.B. für einen Aufsatz, eine geplante Verhandlung oder ein Referat. Drittens geht es um das bewußte Merken von Namen; wer nämlich meint, er habe ein schlechtes Namens-Gedächtnis, der irrt gewaltig...

1. Mechanismen des Unbewußten nutzen lernen

Die Arbeit des Herrn Links läuft fast ausschließlich unter dem wachen Auge des Gehirn-Besitzers ab; Sie nehmen es meist *bewußt* zur Kenntnis, was Sie denken, analysieren, rechnen, schreiben... Dies sind typische Tätigkeiten, bei denen man sich *konzentrieren* muß, um sie sauber durchzuführen. Im Gegenteil hierzu bleiben die Tätigkeiten des Herrn Rechts weitgehend *unbewußt*. Und weil der Herr Links so viel und laut redet (sprachliches Denken), vergessen Sie *regelmäßig* nachzusehen, ob Herr Rechts Ihnen irgend etwas zeigen will. Aber, *wenn Sie auf sein Wissen nicht achten, dann ist es fast so, als sei dieses Wissen nicht vorhanden.* Dann arbeiten Sie eigentlich nur mit dem halben Kopf. Wir machen sozusagen zuviel *mit Links*. Bewußt! Aber unbewußt machen wir weit mehr mit Rechts!

---

[1] Dieser Abschnitt enthält Zitate aus meiner Kassette hierzu (in der Reihe: *Vom Gehirn-Besitzer zum Gehirn-Benutzer*), erhältlich im A-Verlag, s. Seite 175

Sigmund FREUD bot hier einen hervorragenden Vergleich mit dem Eisberg an, der ja zu ca. 90% unter Wasser, also unsichtbar bleibt. Nun hat die moderne Hirnforschung (ECCLES u.a.) festgestellt, daß das, was man früher das *Unbewußte* bzw. das *Unterbewußtsein* nannte, *weitgehend* der Arbeitsweise des rechten Hirns entspricht.

Der 1. Mechanismus: Unbewußtes Gedächtnis

Wir hatten ja bereits angedeutet, daß wir uns die Bilder normalerweise unbewußt machen. D.h., daß wir im unbewußten Teil unseres Gedächtnisses in der Regel weit mehr "drin" haben als unserem bewußten Denken bewußt ist! Also erhebt sich die Frage, wie Sie an dieses Wissen gelangen können. Denn Gedächtnis ist ja nicht nur das Einspeichern neuer Information; genauso wichtig ist, daß eine gehirn-gerechte Einspeicherung auch den Rückruf ermöglicht. Wie aber steht es mit Informationen, die nicht wirklich gut gespeichert worden waren? Wie können wir sie "anzapfen", wenn sie "nur" im Unbewußten liegen? Einfach!

Fragen Sie Ihr Unbewußtes und warten Sie; dann steigen die gewußten aber unbewußten Informationen langsam in Ihnen hoch. Diese Technik ist immer dann wichtig, wenn Sie entweder wissen, daß Sie es eigentlich wissen (müßten), z.B. "wenn's einem auf der Zunge" liegt... Oder in Prüfungen!

Fallbeispiel: Der Name liegt mir auf der Zunge
Ein kleiner Protokoll-Ausschnitt soll diese Technik verdeutlichen, wobei die Pünktchen (...) Denk-Pausen symbolisieren, weil man wartet, bis die Antwort in einem "aufsteigt". Der Sprecher sucht den Namen eines Komponisten, von dem er sicher ist, daß er ihn erkennen würde, wenn jemand den Namen nennen würde.

Also... war es ein einsilbiger Name... hm... nein! Definitiv nicht. Eher drei, vielleicht sogar vier Silben. Hm... Anfangsbuchstabe... ein A...?...E...? ...I...? O...? U...? Hm... nein. Also müßte es ein Konsonant gewesen sein... ein eher weicher Buchstabe wie *Mm*... oder *Nn*...? ... Nein, das glaube ich nicht. Also ein harter... B...? D...? Moment mal, B...? Bu...? Ah, *Pu!* Das war die erste Silbe. *Ich fühle es!* Aufregend ist das! Also *Pu*..., und dann noch Silben, mindestens zwei... *Pu*...hm...hm. (<u>Plötzlich ganz aufgeregt:</u>) Ja! Ich hab's! *Pucelli!* Das war er. *Pucelli!* Genau!!

Sie können Ihr Unbewußtes auch nach Details befragen, von denen Sie meinen, daß Sie sie gar nicht wissen!

Sie erinnern sich an die Informationen, die in unserem Denk-Bild (Kap. 2) ins "Wasser" gefallen waren; weil nämlich der Assistent auf der Brücke sie fallen ließ. Ihr "Eisberg" aber ruht in eben diesem Wasser! Also: Informationen, die einmal wahrgenommen wurden (selbst unbewußt), können mit etwas Übung aus dem Wasser "gefischt" werden. Noch ein kleiner Protokoll-Ausschnitt soll dies verdeutlichen.

Fallbeispiel: Das kaum registrierte Büro

Stellen Sie sich vor, Sie hätten neulich in einer Ihnen fremden Firma einen Herrn gesucht; dessen Abteilungsleiter (Herr Gernot) war mit Ihnen durch Gänge gegangen und hat Türen geöffnet, während er sich mit Ihnen unterhielt. *Ihre* Position wird durch die Sprecher*in* im Protokoll verdeutlicht, während der Herr, den Sie damals suchten, jetzt (Tage später) Sie befragt:

Er   Sie waren doch in unserer Firma. Herr Gernot sagte mir, daß er mit Ihnen kurz in mein Büro gekommen sei, daß Sie mich aber nicht vorfanden und gleich wieder gingen. Erinnern Sie sich?

Sie   Ich erinnere mich an ein leeres Büro. Richtig.

Er   Könnten Sie mein Büro beschreiben?

Sie   (<u>lächelt</u>): Also, im ersten Ansatz bestimmt nicht, ich hatte es nämlich *nicht bewußt registriert*, weil Herr Gernot mit mir sprach; das weiß ich z.B. noch sehr genau. Aber lassen Sie mich sehen...

Er   Interessant, Ihre Redewendung: Sie sagen im selben Atemzug, daß Sie den Raum nicht bewußt registriert haben, und dann "lassen Sie mich sehen"...

Sie   Genau! Indem ich mir jetzt Fagen stelle und auf die Antworten warte, wird das Bild langsam klar vor meinem Auge stehen. Also, ... war es ein großer Raum? ... Mittelgroß? ... nein... eher klein. Ja, die Türe war hier..., wenn man eintritt, blickt man auf ... auf was blickt man? ... Auf eine große Wand..., da hing was... Landkarte? ... Nein. Ein Bild... nein, nicht direkt... Ein Poster? Ja! Ein Poster... Moment mal, ... Weltraum... richtig,

Saturn mit den Ringen... ja. Ach ja, rechts ist das Fenster..., und man blickt
von vorne auf Ihren Schreibtisch, d.h. wenn Sie dort sitzen, haben Sie die
Wand mit der Tür im Auge... und das Tageslicht kommt dann auch von
links..., die andere Wand, was war da? ... Regale? ... Nein... aber so
ähnlich... Stellagen... Stellagen irgend einer Art... hm... ja, ja, jetzt kommt
es ins Bild... Ach ja! Metall-Röhren, in denen Papierrollen liegen, die vorne
herausragen. Ah, das dürften wohl Konstruktions-Zeichungen sein, was?

Er   Genau. (Grinst)   Das war schon sehr gut.

Sie   Ach, mit etwas Geduld kommt da noch viel mehr. Zum Beispiel die Farbe
der Wände... also, die hinter Ihrem Schreibtisch ist weiß, und das Poster ist
dunkler Weltraum und rötlicher Planet. Die Fensterwand ist..., da ist noch
was... Richtig. Unterm Fenster sind Regale mit Leitz Ordnern. Die Wand ist
nicht weiß, eher hellgrau oder ein lichtes blaugrau.

Er   Genau!

Sie   Die andere Wand mit den Stellagen ist weiß... Nein..., die Stellagen sind
weiß; die Pläne, die aus den weißen Röhren herausschauen sind ebenfalls
hell, aber die Wand... hm... ach ja, die ist Holz, helle Holztäfelung.

Er   (lacht): Reine Imitation. Mein Vorgänger hatte sie mal anbringen lassen.

Sie   Die Tür ist aus Metall und ziemlich schwer.

Er   Woher wissen Sie denn das jetzt?

Sie   Das sehe ich, jetzt, nachträglich, an der Art wie Herr Gernot sich bewegt. Ja;
die ist schwer.

Er   Also, Sie haben mich restlos überzeugt.

Man muß die Technik natürlich ein wenig üben; das ist wie beim Autofahren: Je öfter Sie diese Selbst-Befragung durchführen, desto besser verläuft sie.

Der 2. Mechanismus: REMINISZENZ

Reminiszenz ist eine Erinnerung nach längerer Zeit. Das hat also mit Gedächtnis zu tun, aber mehr noch mit Lernen. Ein altes Sprichwort (USA)
heißt: *Im Sommer lernst du Skifahren, im Winter Schwimmen.* Denn die
Lern-*Pausen* dienen dazu, daß Herr Rechts eine Menge Detail-Informationen in Ihr Wissens-Netz einordnen kann, während Sie schlafen oder ganz
andere Dinge tun!

Man lernt auch, wenn man nicht lernt! Daher ist das *Überlernen*, das
viele Gehirn-Benutzer vor Prüfungen veranstalten, falsch. Damit fällt der
Lern-Effekt weg, welcher durch gezielte Lern-Pausen resultieren würde.
Also: Machen Sie mehr Pausen!

Diese *Pausen* können zwar mit "Nichtstun angefüllt" sein, aber als *Pause* (in unserem Zusammenhang) gilt auch ein Themenwechsel. Schüler und Studenten lernen z.B. in der Pause für Latein Geschichte. Oder ein Manager, der sich auf ein Referat vorbereitet, benutzt die Pause, um einige Briefe zu diktieren.

Der 3. Mechanismus: Brainstorming für eine Person

Dieser Mechanismus[2] nutzt die Tatsache, daß unser Gehirn ständig Assoziationen herstellt, weil es eine neue (oder gerade aktuelle) Information mit Bekanntem verknüpft. Wenn Sie Ihre Kreativität steigern wollen, dann wollen Sie mehr rechtshirnige Assoziationen produzieren. Dazu müssen Sie das linke Hirn regelrecht überlisten! Die folgende Drei-Schritt-Methode hilft dabei.

SCHRITT 1: Sie suchen erste Ideen
Sie haben einen Stapel Kärtchen, z.B. Mini-Karteikarten, vor sich. ... Nun notieren Sie spontan Ihre ersten Einfälle, aber schreiben Sie jedes Stichwort auf ein neues Kärtchen! Solange, bis Ihnen nichts mehr einfällt. Das können neun Karten sein, oder 30; das ist egal. Nun liegt der Witz einer *kreativen* Assoziation doch genau darin, daß man Aspekte miteinander verbindet, die normalerweise *nicht* verbunden worden wären, wenn Sie logisch (linkshirnig, rational) weitergedacht hätten.

SCHRITT 2: Sie verändern die Reihenfolge
Jetzt mischen Sie die Karten erst kräftig durcheinander, wodurch die ursprüngliche Reihenfolge verändert wird.

SCHRITT 3: Sie assoziieren erneut
Nun legen Sie den Stoß wieder vor sich hin, daneben ein großes Blatt Papier, und nun nehmen Sie je *zwei* Kärtchen, blicken auf die beiden Stichworte und schreiben auf das Papier, so spontan wie möglich, was Ihnen zu *dieser Verbindung jener zwei Begriffe* einfällt!

---

[2] Diese Technik habe ich bereits 1969 zum ersten Mal unter dem Titel: *Brainstorming for One*, Phil.Lit. Nr. 3, USA, veröffentlicht.

Dabei können ganz verrückte Sachen herauskommen! Natürlich gilt die Grundregel des echten Brainstormings (in der Gruppe) hier auch: *Sie dürfen nichts zensieren!* Sie dürfen nichts zurückhalten, was Ihnen einfällt... Auch wenn Ihr logisch denkender Herr Links vor Abscheu aufschreit! Frau Rechts kann sich nicht frei entfalten, wenn Herr Links bei einzelnen Ideen gleich meckert! Killer-Phrasen, wie "das geht doch nie!", oder "das ist ja absurd!", oder "das haben wir schon immer anders gemacht!" u.s.w., müssen in dem Monolog in Ihrem Kopf genauso vermieden werden, wie in der echten Diskussion bei Gruppen-Arbeit.

Der 4. Mechanismus: Ziele erreichen!

Dieser Mechanismus verbindet jetzt, was Sie aus dem ersten, dem *unbewußten Registrieren* wissen, mit der Tatsache, daß wir de facto jedes realistische Ziel tatsächlich erreichen können! Viele Leute behaupten doch immer, daß sie dies oder jenes erreichen würden, *wenn* das Schicksal nicht immer gegen sie sei. Tatsache aber ist, daß sie an hunderten von guten Gelegenheiten blind vorbeihasten, ohne diese wahrzunehmen!...

Studie: Spitzenverkäufer, USA

In den USA, in den Fünfziger Jahren, hat man einmal über 3000 Verkäufer von Unterwäsche und Hemden in großen Kaufhäusern per Fragebogen gebeten, sich selbst einzuschätzen, ob sie gute Verkäufer waren. Das folgende Experiment wurde *nur bei denjenigen vorgenommen, die sich als überdurchschnittlich gut eingestuft hatten,* und die in einem Nachfaß-Gespräch auch mündlich klar zum Ausdruck brachten, daß sie ihren beruflichen Erfolg durch Verkaufen in dieser Abteilung begründen wollten. Zu den 124 Verkäufern, die jetzt übrig blieben, kam jeweils ein Kunde, der zwei Paar Socken verlangte. Während der Verkäufer diese einpackte, erzählte der Kunde so beiläufig, daß er in dem Hotel Sowieso in der Nähe übernachtet habe, daß es zu einem Zimmerbrand gekommen sei, und daß er jetzt den Ärger habe, seine Sachen ersetzen zu müssen. Daß die Versicherung zwar den Schaden, sprich den Preis der Textilien ersetzen werde – er brauche im übrigen eine richtige Rechnung, ein Kassenbon reiche nicht aus – daß ihm aber niemand die Zeit und Mühe ersetzen könne, die ihn das koste! Nun frage ich Sie: *Wieviele der Verkäufer, die sich als Spitzenverkäufer betrachteten, wieviele von diesen Leuten haben ihre Chance, dem Mann alles Verlorene, von Unterhosen zu Krawatte und Bademantel, neu zu verkaufen, genutzt?* Antwort: Keine vier! Genau drei waren es! Und das war ja schon die Elite unter den befragten Verkäufern!

Woran liegt das? Antwort: Nur die drei Spitzenverkäufer in der Studie hatten ihr Unterbewußtsein *wirklich* auf ihr Ziel ausgerichtet! Denn, ein Ziel (Erfolg) muß vom ganzen Menschen angestrebt werden und nicht nur als vage Hoffnung (irgendwann schreibe ich auch mal einen Roman) existieren. Wir verfolgen doch viele Ziele, große und kleine. Also streben unsere Energien in alle Richtungen, weil es uns mal hier, mal dort hinzieht. Dabei kann es durchaus vorkommen, daß manche Teilziele mit anderen kollidieren (gekreuzte Energie-Bahnen, s.Abb. unten). Wer aber ein großes Ziel fest in sich (sprich: im Unbewußten) verankert, der erreicht damit, daß sich *alle* Energien in diese eine Richtung ausrichten. Das Ziel agiert dann sozusagen wie ein Magnet.

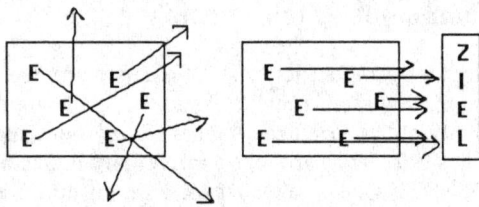

Daher wird er niemals mehr blinden Auges an seinen Chancen vorbeirennen. Er wird Details, die *für ihn* wichtig sind, *aus dem Augenwinkel* sehen (hören, riechen etc.). Hier gilt der Effekt, den Sie von Kindern kennen: Wenn Sie laut und deutlich sagen, daß jemand bitte den Mülleimer hinuntertragen soll, dann "hört" Sie kein Mensch. Aber wehe, Sie flüstern Ihrer Frau zu, daß doch da irgendwo noch eine Tafel Schokolade sein müsse, da wacht ein Kind sogar wieder auf, wenn es schon eingeschlafen war...

Außerdem: Sie treffen auch wichtige Entscheidungen Ihres Lebens viel leichter, wenn Sie, sozusagen als Fixstern am Firmament, ein großes Ziel haben. Man könnte als Regel formulieren: *Entwirf dich auf ein Ziel hin!* Dies ist eine Forderung Jean-Paul SARTREs! Das bedeutet, sich klarzuwerden, welche Ziele man verfolgt, und es *zuzulassen*, daß "es" (das Schicksal, der Kosmos, der Zufall - wie immer Sie das deuten möchten) Ihnen hilft, wahrzunehmen, was *für Sie von Wichtigkeit* sein wird!

Am leichtesten erreichen Sie Ihre Ziele durch Bilder-Machen, wenn Sie Ihre Vorstellung so oft wie möglich aktivieren. *Sehen Sie sich in der Zielsituation*! Stellen Sie sich vor, Sie hätten Ihr Ziel bereits erreicht... Ganz im Sinne der positiven Denker! Also ein gezieltes Tagträumen...

Bewußt wird Ihnen vielleicht auffallen, daß Sie Ihren Wunsch in irgendeinem Detail *modifizieren* müssen, wenn Sie Ihr Ziel detailliert gedanklich, bildlich durchleben... Das ist quasi eine Vorwegnahme der Ziel-Situation. In der Wirklichkeit stellt man ja auch oft fest, daß man sich manches anders vorgestellt hatte (vor allem unklarer!), und dann ist man enttäuscht. Aber: Ent-Täuschung heißt: Die Täuschung hört auf. Je detaillierter Sie Ihr Ziel jedoch vorher bereits vor dem geistigen Auge *gesehen*, es *durchwandert* oder *berührt*, haben, desto weniger Anlaß zu Ent-Täuschung kann es später geben. Gleichzeitig programmieren Sie Ihr Unbewußtes darauf, wirklich *jede* Information, die mit Ihrem Ziel zu tun hat, wahrzunehmen.

Der 5. Mechanismus: Kreative Problemlösung

Dieser Mechanismus verbindet unsere Fähigkeit zur Assoziation mit unserer Kreativität beim Probleme-Lösen. Wenn Sie ein Problem lösen müssen, wie gehen Sie vor? Wie dieser Teilnehmer, der sagte: "Ich denke solange darüber nach, bis ich die Lösung habe." Dann werden Sie nämlich immer wieder feststellen, daß Sie wichtige Aspekte vergessen! Nutzen Sie den fünften Mechanismus! Er ist im Kreativitäts-Training (USA) unter dem Stichwort *Gestation* bekannt. Was heißt das?

Wenn ein Säugling von der Zeugung bis zur Geburt heranreift; das ist *Gestation* (also *Reifung*). Eine Idee (kreatives Suchen oder konkrete Problemlösung) muß ähnlich reifen. Dabei unterscheidet man vier Phasen, von denen es mir besonders um die (dritte) *Gestations-Phase* geht, so daß ich zu den anderen hier nichts sagen werde.

1. Erstes Recherchieren (Suche nach Daten/Fakten)
2. Erstes bewußtes Nachdenken
3. Gestations-Periode (Pause machen)
   Es ist bekannt, daß ARCHIMEDES sein Problem "löste", als er in die Badewanne stieg und dieselbe überlief. Plötzlich wurde ihm klar, daß dies die Antwort auf sein Problem war! Er soll nackt aus der Wanne gesprungen und in die Straße gelaufen sein, sein berühmtes *Eureka* (= ich hab's gefunden) ausrufend! Viele Berichte von Wissenschaftlern heute (besonders von *Nobelpreisträgern*) zeigen, daß es ihnen oft ähnlich geht.
4. Nach dem Aha!-Effekt: Zweites bewußtes Denken

Wir könnten dies das eigentliche Archimedes-Prinzip nennen, denn jeder von uns kann diesen Effekt produzieren lernen, wenn er sich darin übt, sein Unbewußtes *regelmäßig* bewußt zu befragen und zu nutzen. Wenn man dies aber jetzt bewußt erwartet, dann sollte man immer ein Notizheft oder ein Diktiergerät griffbereit haben. Und, da gerade beim Fernsehen unerhört viele Assoziationen auftauchen können, die mit einem Ihrer Denk-Probleme zu tun haben, sollte besonders der Fernsehsessel zu Ihrer "Badewanne" werden, wenn Sie erst mal trainiert sind! Halten wir fest:

Das Unbewußte beschäftigt sich auch in der "Pause" mit Ihrem Problem. Wenn Sie vorher bereits konkret und sauber nachgedacht haben, dann kann Ihr Herr Rechts jetzt ohne Ihr bewußtes (linkshirniges) Zutun "weiterarbeiten". Das ist das Geheimnis der Gestations-Technik.

2. Bewußtes Denken

Wie oft denken Sie über Ihre bewußten Denk-Prozesse nach? Wahrscheinlich nicht so oft. Falls Sie bereit sind, über Ihre Sprache (als Denk-Werkzeug) zu reflektieren, dann lesen Sie bitte auch Merkblatt Nr. 4 (S.157).

Notizen machen heißt: Denken

Nehmen wir an, Sie wollen sich auf eine Verhandlung vorbereiten. Oder auf ein Referat, eine Prüfung, einen Artikel, eine Diskussion… Die Art und Weise, wie Sie Ihre Gedanken aufschreiben und ordnen, wird das End-Resultat sehr beeinflussen! *Normalerweise machen wir Notizen, wie wir es in der Schule gelernt haben, indem wir digital* (Worte, Zahlen) *linear* (immer schön der Reihe nach, ein Wort neben das andere, einen Gedanken unter den anderen), *logisch* (welcher Gedanke kann aus dem vorhergegangenen gefolgert werden?) *neben- bzw. untereinandersetzen.*

Diese Art des Notierens behindert Ihre Denkprozesse, statt Ihnen zu helfen. Sie verhindert kreatives Nachdenken und erdrückt sie!

Testen Sie dies!

Machen Sie bitte jetzt gleich einige Notizen zu dem Thema: Streß im Alltag. Notizen, welche die Basis für einen Aufsatz oder ein Referat sein könnten.

STOP   Erst weiterlesen, wenn Sie genügend Gedanken gesammelt haben, daß Sie einen ca. 3 – 4 Seiten langen Aufsatz schreiben könnten!

Nun, Ihre Notizen könnten in etwa so aussehen:

> **STRESS IM ALLTAG:**
> * Hetze
> * Überlastung
> * Streßkrankheiten
> * Streßhormone
> * Anti-Streß-Tips
> * Autogenes Training
> * Jogging

Aber das waren ja nur die allerersten spontanen Einfälle. Jetzt wollen Sie diese vielleicht "nach Logik" ordnen und eine Gliederung entwerfen, also müssen Sie alle Worte noch einmal schreiben, aber in einer anderen Reihenfolge. *Danach* fällt Ihnen vielleicht ein, daß es ja auch einen positiven Streß gibt, den Sie allerdings überhaupt noch nicht berücksichtigt hatten. Also fangen Sie wieder von vorne an ... Nicht sehr lustig, gell?

Die normale (lineare, digitale) Art des Notierens überlastet die linke Hirnhälfte und zwingt die rechte, Däumchen zu drehen. Deswegen kommt dabei selten wirklich Kreatives heraus. Außerdem ist sie anstrengend!

Wenn Sie aber beide Hirnhälften arbeiten lassen, wiewohl Sie zunächst nur (digital) Worte auflisten, dann machen Sie, was Tony BUZAN[3] *mind-map* (Denk–Karte) nennt: Breiten Sie Ihre Gedanken über das ganze Papier aus! Die rechte Hemisphäre denkt nicht linear. (Sie ist für Raum zuständig.) Sie wertet nicht, sie ordnet nicht! Also notieren Sie, zunächst völlig wertfrei und ungeordnet, einfach Ihre ersten Ideen. Zum Beispiel für das "Lernen".

---

[3] Vgl. Lit. –Verzeichnis, Anhang

Mind-Map (nach BUZAN)

Abb. 11. 1.

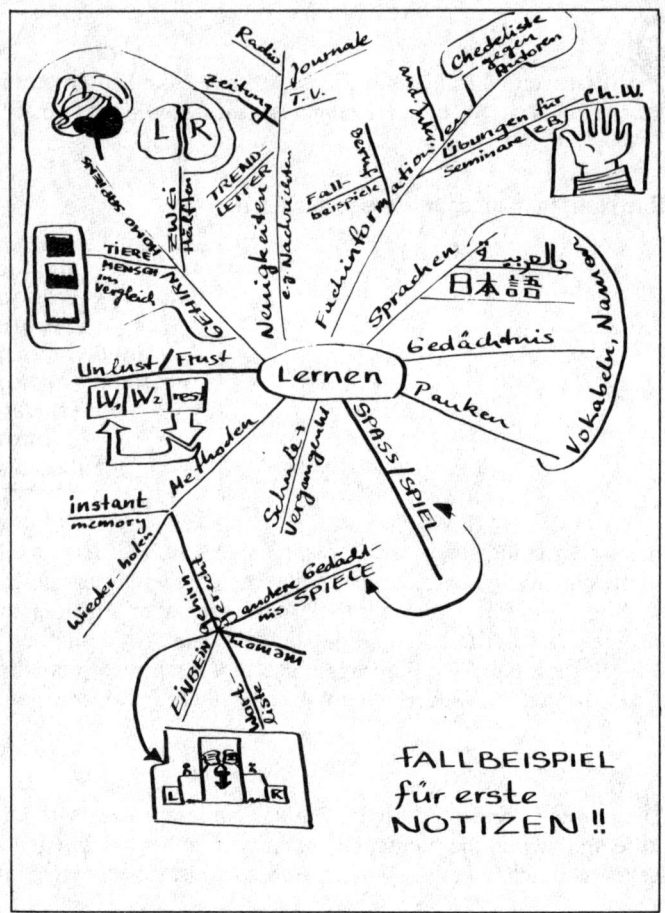

Mit so einer Grund-Karte können Sie -
- im Nachhinein weitere Gedanken einfügen,
- an jedem Gedanken weitere "Zweige" und "Zweigeszweiglein" anfügen,
- durch Linien zeigen, welche Bereiche zusammengehören,
- einzelne Wörter farblich kodieren,
- letztlich durch Numerieren die Ordnung herstellen, die Ihr linkes Hirn zum Abschluß haben muß, ehe Sie den Artikel schreiben oder das Referat halten!

Mind-Map mit Karteikarten

Statt auf einem Blatt zu arbeiten, können Sie auch etwas anderes machen, insbesondere, wenn das Gebiet, das Sie überdenken wollen, sehr groß ist! Schreiben Sie einzelne Stichworte auf *Karteikarten*! Z. B. gelbe, lange (normale Karten der Länge nach durchgeschnitten) für die "Hauptäste", orange, kleine (kleinere Karten quer durch geschnitten) für die "Zweige" und weiße Papierstückchen für die "Zweigeszweiglein". Diese Karten können Sie solange auf dem Tisch herumschieben, bis Sie zufrieden sind. (Da bei mir oft alle fünf Schreibtische belegt sind, spiele ich meist auf dem Teppich mit meinen Gedanken-Karten.) Sie können mit Schnurstücken verbindende Bogen "bauen" u.s.w.

Wenn Sie Ihre ersten Gedanken gehirn-gerecht sammeln, ist Ihre rechte Hemisphäre von Anfang an aktiv dabei. Also wird sie wesentlich mehr intuitive oder kreative "Zusätze" liefern können, als wenn man sie "aussperrt" und sich dann darüber beschwert, das normale (linkshirnige) Denken sei un-kreativ! Schließlich ist Kreativität ja *nicht* Aufgabe des linken rationalen Hirns!

Wenn Sie Ihre Notizen zum erstenmal geordnet haben, folgt noch ein *Zwischenschritt*, ehe Sie endgültig zu arbeiten beginnen: Erinnern wir uns, daß Kinder laufend Fragen stellen! Tun Sie dies auch! Fragen Sie sich, *welche* Informationen Sie für *welche* Zielgruppe *warum* und *wie* anbieten wollen! *Was* wollen diese Leute? *Welche* Hilfestellungen erwarten diese Menschen (bzw. Ihre Leser)? *Wozu* wollen *Sie* Ihre Hörer motivieren? Damit werden Ihre Gedanken wieder um ein Stück klarer, ehe Sie den Artikel schreiben, Ihre Verhandlung vorbereiten, die Rede halten werden u.s.w.

Geistiges Theater

Bei einer Rede oder einer geplanten Verhandlung gilt wieder: *Stellen Sie sich die Situation während der Vorbereitung bildlich, drei-dimensional und mit Ton vor!* Sehen Sie sich: Welche Kleidung tragen Sie? Welche optischen Hilfsmittel werden Sie nutzen? (Flipchart, Overhead, Dias, Tafel etc.)

Ohne diese Phantasie-Übung kann es sein, daß Sie bei den Vorbereitungen vollkommen vergessen, daß an jenem Vortragsort eine Riesentafel ist! Planen Sie vorher ein, welche Bilder (Zeichnungen, Dias, Film, TV) Sie Ihren Hörern anbieten können – bzw., wie Sie Ihre Information möglichst gehirngerecht aufbereiten können! Hierzu dienen neben Bildern und Charts vor allem

- Fallbeispiele
- Gleichnisse
- Quizfragen an die Teilnehmer
- Experimente (bei denen jeder mitmachen kann).

Wenn Sie eine *Verhandlungs-Situation* im Geiste durchspielen, werden Ihnen die wichtigsten Fragen des anderen an Sie rechtzeitig "einfallen", weil Sie den Dialog (z.B. vor dem Einschlafen) einfach einmal ausprobieren! Dies gilt auch für *Vorstellungs-Gespräche*, egal auf welcher Seite des Schreibtisches Sie sitzen. Wobei man in diesem Zusammenhang einmal darüber nachdenken könnte, ob es wirklich sinnvoll ist, daß Führungskräfte für "einfache Mitarbeiter" (Sachbearbeiter) im Schnitt 20 Minuten Zeit für ein Gespräch aufwenden. Wenn man davon ausgeht, daß man jahrelang miteinander arbeiten will! Und wenn man bedenkt, wieviel jede falsch eingestellte Person die Firma kostet und wie sehr alle Beteiligten (also auch der falsch plazierte Mitarbeiter) darunter leiden, dann könnte man dieser wichtigen Aufgabe vielleicht doch ein wenig mehr Zeit einräumen. Und wenn man dann noch bedenkt, daß eben jene Führungskräfte pro Woche oft bis zu sechzehn Stunden in diversen Meetings und Konferenzen zubringen, bei denen enorm viel Zeit (die für Einstellungs-Interviews fehlt!) vergeudet wird... Warum wird so viel Zeit vergeudet? Weil die Besprechungen nicht gut vorbereitet werden (da man vorher kein klares Bild über die Themenkreise hat) und weil schlecht gesteuerte gruppen-dynamische Prozesse (Status-Kämpfe) ablaufen "dürfen".

Aber das vorherige Durchdenken gilt auch für jede *Prüfungs–Situation*! Wenn Sie nämlich "Prüfung spielen", dann formulieren Sie selbst Fragen aus dem Material, das in der Prüfung vorkommen kann! Bauen Sie Bilder, Analogien und Fallbeispiele für Ihre Antworten. Jetzt haben Sie einen Großteil aller möglichen Fragen bereits erfaßt. Denn der Lehrer kann die Fragen ja auch nur aus diesem Lehrstoff "ziehen"! Wenn Sie also "Lehrer spielen", werden Sie ca. *75 – 80 % aller möglichen Fragen* bereits selbst erarbeitet haben! Durchfallen können Sie auf keinen Fall mehr! Dieses Wissen macht enorm sicher!

Ehe ich zum nächsten Punkt komme, noch eine Vorbemerkung. Viele Leser werden sowieso noch das eine oder andere Buch (im Literatur-Verzeichnis, Anhang) aufgreifen. Aber den Zeit-Not-Leidenden empfehle ich ab und zu ein wichtiges Buch hier im fortlaufenden Text. So auch eines zur Rhetorik:

Frei reden ohne Angst und Lampenfieber

Dieses Buch[4] von Natalie H. ROGERS ist m. E. hervorragend! Es bietet dem Rhetorik-Neuling, der vielleicht noch nie eine Rede gehalten hat, absolut *alles*, was er braucht: Vom Abbau der Angst und des Lampenfiebers über die Vorbereitungen bis zur Präsentation selbst. Aber auch dem Profi kann dieses Buch noch eine Menge sagen, selbst wenn er die ersten Kapitel (über das Lampenfieber) überschlagen möchte. Der Originaltitel lautet: *Talk-Power* (also Rede-Macht); erst im Untertitel heißt es: *How to Speak Without Fear* (Wie man redet – ohne Angst). Leider hat der deutsche Verlag diesen Aspekt der Angst im Titel überbewertet, was viele Profis wahrscheinlich davon abhalten wird, es zu kaufen.

Ich möchte Ihnen als Entscheidungs- und Orientierungs-Hilfe das Grund-Konzept der *Talk Power-Formel* (mit einigen Bemerkungen meinerseits) kurz vorstellen:

1. Einführende Worte
Die Autorin stellt nicht nur fest, *daß* als Aufhänger auch ein Witz oder eine Anekdote geeignet ist, sondern sie bietet hierzu auch einige brauchbare Beispiele an!

2. Der Themensatz (S.111)
Hier sagt sie: *Die Absicht des sogenannten Themensatzes ist es, Sie (...) und Ihre Zuhörer ganz allgemein in die Richtung zu lenken, in die Ihre Rede weist.* Dieser Satz fungiert für die Zuhörer sozusagen als *Wegweiser*, er könnte jedoch auch als *Titel* der Rede gesehen werden!

3. Der Thesensatz (S.117)
Nun folgt, im Unterschied zum Themensatz, der Thesensatz. Er enthält die *zentrale Idee* des Referates. Hier sagt Frau Rogers: *Ihr Thesensatz ist der wichtigste Satz Ihrer Rede. Er bezeichnet den Gedanken, den Ihre Zuhörer*

---

[4] *Frei reden ohne Angst und Lampenfieber* (s. Lit.-Verzeichnis, Anhang)

hören und deutlich erinnern sollen. Er umfaßt Ihr Hauptanliegen, die zentrale Aussage Ihres Vortrages.

- Er gibt den Zuhörern einen roten Faden an die Hand.
- Wenn Sie den Zuhörern sagen, worauf Sie hinauswollen, werden diese Sie bei Ihrem Vorhaben unterstützen.
- Die Zuhörer entwickeln ein Gefühl von Sicherheit, wenn sie eine feste und klare Vorstellung davon haben, was Sie ihnen sagen wollen und was Sie von ihnen erwarten.
- Jemandem, der seine Absichten frühzeitig offenlegt, ist man eher geneigt zu vertrauen.
- Er wirkt als Bezugsrahmen für alle weiteren Aussagen, die Sie machen. Dadurch ergibt sich nur wenig Gelegenheit für Mißverständnisse.

Ich meine, daß solche Aussagen bei der Vorbereitung einer Rede sehr hilfreich sind, sowie, daß zuviele Redner sich noch nie so klar darüber waren, wie man die Hörer zum Hauptteil der Rede *hinführt*! So daß ich *gerade die Kapitel zu den drei Einführungs-Abschnitten* für immens hilfreich halte. Auch, und zwar in ganz besonderem Maße, für Leute, die sich für Rhetorik-Profis halten!
(Der Rest des Buches bietet Gedanken zu: 4. Hintergrund, 5. Argumentationsteil, 6. Höhepunkt, 7. Schluß.)

3. Namensgedächtnis [5]

Schritt 1: Nehmen Sie den Namen wirklich wahr!

Wer meint, er habe ein schlechtes Namens-Gedächtnis, macht meist den Fehler, daß er zunächst den Namen gar nicht richtig zur Kenntnis nimmt. Das liegt zum einen daran, daß die Person, die uns den Fremden vorstellt, den Namen vielleicht gewohnheitsmäßig schnell spricht oder murmelt. Oder daß der Namensträger selbst seinen Namen undeutlich ausspricht. Nun müßten wir eigentlich nachfragen, aber wir haben oft Hemmungen... Das hat zwei Gründe:

---

[5] Diese Methode habe ich zuerst veröffentlicht als: *What's in a name you can't remember?* in Phil.Lit. Nr. 3, 1969, St. Louis, USA

1. Viele Menschen glauben, sie dürften nie zugeben, wenn sie etwas nicht verstanden haben. Dabei ist, genau genommen, das Gegenteil der Fall! Wir bewundern jemanden, der den Mut hat, eine Unsicherheit zuzugeben, oder?! 2. Wir haben Angst, die Gefühle des Betroffenen zu verletzen. Aber diese Angst ist unbegründet! Schließlich ist der Name "die Lieblingsvokabel" der meisten Menschen. Sie verwechseln sich oft mit ihrem Namen, weswegen sie verärgert reagieren, wenn man dieses wertvolle Klangbild nicht kennt oder "verhunzt". Sie meinen (oft unbewußt), daß jemand, der ihren Namen nicht verwendet, sie deswegen als Person "schmälert"! Daher meine ich, daß gerade für Menschen, die in Verkauf, Beratung und Verhandlungs-Situationen erfolgreich sein wollen, das Üben des aktiven Namens-Einsatzes immens wichtig ist. Fazit: Es ist weniger schlimm, einen Namen *falsch* auszusprechen, als ihn *gar nicht* zu benutzen. Also bleibt uns nichts anderes übrig als im Zweifelsfalle höflich nachzuhaken, wenn man Ihnen keine Visitenkarte überreicht[6].

 Wissen Sie, worin sich ein Japaner von einem Mitteleuropäer unterscheidet, wenn man ihm eine Visitenkarte gibt? Der Europäer steckt die Karte blitzschnell weg, als gälte es, einen Geschwindigkeitsrekord zu brechen; der Japaner wird die Karte andächtig studieren und dann sofort versuchen, Ihren Namen auszusprechen. Dabei wird er Sie bitten, ihn zu korrigieren, bis er Ihren Namen so aussprechen kann, daß Sie zufrieden sind. Auch wenn manche unserer Phoneme in seiner Sprache nicht vorkommen, *gibt er sich größte Mühe*. So heiße ich BiRuKenBiRu-San bei japanischen Verhandlungs-Partnern. Aber ich merke, daß sie sich Mühe geben und das freut mich.

Schritt 2:   Merken Sie sich den Namen gehirn-gerecht!
Sie wollen ja in Zukunft gehirn-gerecht vorgehen! Registrieren Sie daher sofort: Ist der Name leicht, mittelschwer oder schwierig? (Erklärung umseitig)

---

6 Haben Sie übrigens Ihre eigene Karte in letzter Zeit kritisch betrachtet? Wenn Sie Privatmensch sind: Ist Ihr Name und vor allem Ihre Telefon-Nummer groß genug, daß man die Buchstaben/Ziffern ohne Vergrößerungsglas lesen kann? Wenn Sie freiberuflich oder Geschäftsinhaber sind: Ist Ihnen klar, daß Ihre Visitenkarte eine Miniatur-Werbefläche ist? So wie Sie sich hier darstellen, so wird der neue Kontakt Sie auch einschätzen!

Leicht: Jemand heißt Schneider; nun kann man sich den Schneider sofort vorstellen. Am besten setzen Sie den Schneider im Geiste auf die Schulter des Namensträgers, damit sein Bild mit dem Gesicht verknüpft wird! **Mittelschwer:** Denken Sie an den österreichischen Satiriker Schneyder. Sein Name klingt zwar wie "Schneider", aber er schreibt sich mit Ypsilon! Wir können uns den Schneider bildlich vorstellen, während wir uns gleichzeitig darüber klar werden müssen, daß die Schreibweise abweicht. Das könnte man sich in Form eines *Bilderrätsels* vorstellen. Also eine "Zeichnung" des Schneiders, dann das **i** dick und fett darunter schreiben, es dann durchstreichen und durch ein Ypsilon ersetzen. So aktivieren Sie sowohl bei den leichten als auch bei den mittelschweren Namen, Ihre rechte Hirnhälfte. Noch ein Beispiel: Herr Gopf, dessen Name fast wie Kopf (vorstellbar) klingt:

Schwierig: Z.B. Prochaska. Nun, manchmal kann man auch schwierige Namen mit einer bildlichen Vorstellung verbinden, wenn der Namensträger uns nämlich eine Bedeutung seines Namens anbieten kann[7]. So heißt Prochaska *kleiner Spaziergang.*

Aber viele Namen dieser Kategorie bleiben Klang- und Schriftbilder, zu denen sich *keine* bildhafte Vorstellung in unserem Kopf bildet. Hier sollte man sich nun eine *akustische Eselsbrücke* bauen. (Vgl. Sie bitte auch die Trainings-Aufgabe Nr. 4 in Kapitel 8, S. 140: *Eselsbrücken bauen.*)

---

[7] Scheuen Sie sich nicht, zu fragen. Niemand ist Ihnen böse, wenn Sie Interesse an seinem Namen (und damit indirekt, an seiner Person) zeigen!

Tip: Bauen Sie für andere eine Eselsbrücke zu Ihrem Namen. Die Brücke ist erstens hilfreich, weil wir dem Gesprächspartner unseren Namen erleichtern, was die Kommunikation nur positiv beeinflussen kann. Zweitens reagiert der andere oft ebenfalls mit einer Eselsbrücke für seinen Namen, so daß auch uns geholfen wird!

Schritt 3: Benutzen Sie den Namen aktiv!

Sie müssen den Namen nun *mindestens dreimal* innerhalb des ersten Gespräches (persönlich oder am Telefon) *aktiv* einsetzen. Allerdings ist wichtig: In 18 Seminar-Jahren habe ich immer wieder festgestellt, daß diejenigen Teilnehmer, die angeblich ein schlechtes Namens-Gedächtnis haben, auch Menschen, deren Name ihnen wohlvertraut ist, *nicht* mit Namen anreden. Sie sagen nicht: "Hör mal, Paul", oder "Du, Maria!", sondern sie sagen nur: "Hör mal!", wenn sie mit einem Freund oder ihrem Kind oder Partner sprechen. Genauso sagen Sie zu vertrauten Kunden nicht: "Was meinen Sie, Frau Kundin?" oder "Wann wollen Sie die Paletten, Herr Kunde?"

Platzhalter für Namen

Wie soll dieser Mensch den dritten Schritt bewältigen, wenn er noch gar keinen "Platzhalter" für Namen hat? Und: Woher kommt es, daß so viele Menschen, insbesondere in Deutschland, dieses Problem haben? Das hat mit der Umwelt zu tun, in der man aufgewachsen ist. Wenn Eltern, Geschwister, Freunde kaum je Namen verwendet haben, dann ist man das nicht gewöhnt. Weder, wenn man angesprochen wird, noch wenn man sich an andere wendet. Das heißt, daß einem gar nichts "fehlt", wenn man Freunde ebenfalls ohne Namensnennung anspricht. In anderen Länder ist das anders: Häufig verwendet man Anreden, wie *Sir, Ma'm* (USA)*; Sir, Madam* (GB)*; monsieur, madame, mon cher, mon vieux* (F)*; signor, signorina* (I)*; meneer, mevrouw* (NL) sowie *Sayyid, Sayyida, achii (mein Bruder;* in der arabischen Welt), für die es im Deutschen keine Entsprechung mehr gibt, seit die *gnädige Frau* und der *Herr* als Anrede verlorengingen. Oder man setzt den richtigen Namen ein, wenn er bekannt ist, da man bereits einen *Platzhalter* für die *direkte Anrede* besitzt. Deutschen fällt dies relativ schwer, selbst wenn sie andere Sprachen lernen und *laufend* das richtige Vorbild hören (*Bonjour monsieur!*).

Daher muß man sich zuerst über diesen Aspekt klarwerden und durch etwas Training einen Platzhalter für Namen schaffen. Wenn Sie dazu bereit sind, dann müßten Sie als *Vorübung* erst einmal lernen, alle Personen, die Sie gut kennen, regelmäßig mit Namen anzusprechen. Das ist sowieso gut für die Kommunikation...

Es folgen die drei häufigsten Teilnehmerfragen aus dem Seminar zum Namens-Gedächtnis:

<u>Frage 1:</u> Wie lange dauert es, bis man lernt, seine Mitmenschen ganz allgemein mit Namen anzusprechen?
<u>Antwort:</u> Wenn Sie mit Ihrer Familie (Freunden, Kollegen) darüber reden, und Sie sich alle gegenseitig helfen, dann müßten Sie es in ca. sechs Wochen schaffen.

<u>Frage 2:</u> Einige wenige Namen werden doch sicher, trotz bester Systematik, "durchrutschen", genauso wie man sich manche Worte einfach nicht merken kann. Gibt es eine Art von Trick für die Namen, die übrig bleiben?
<u>Antwort:</u> Einer der bekanntesten Geschäftsmänner in den USA, ein Mann, der zwar nie in Harvard studiert hat, heute dort aber Dozent ist, Mark McCORMICK, hat einmal gesagt:

> Viele Menschen haben ein schlechtes Namensgedächtnis. Daher habe ich mir angewöhnt, jedem, von dem ich nicht hundertprozentig weiß, daß er meinen Namen kennt, meinen Namen zu sagen. Dies hilft ihm erstens aus der Verlegenheit und veranlaßt ihn zweitens meistens, auch mir seinen Namen zu nennen. Damit ist das Problem für uns beide gelöst!

<u>Zusatzfrage:</u> Na ja, in den USA ist es gang und gäbe zu sagen, *Hi, I'm John Doe*, aber bei uns in Europa würde das doch etwas befremdlich wirken, oder?
<u>Antwort:</u> Sie könnten z.B. sagen: *Ich weiß nicht, ob Sie sich an mich erinnern, ich bin John Doe; wir haben uns neulich auf der Messe kennengelernt.* Oder Sie zücken Ihre Visitenkarte, wenn Ihnen dies lieber ist. Auf alle Fälle ist so eine Geste hilfreich, wenn vorherige Kontakte noch nicht sehr intensiv gewesen waren.

<u>Frage 3:</u> Angenommen, ich lerne einen Herrn LANG kennen, und ich versuche mir LANG im Gegensatz zu KURZ zu merken, könnte es dann nicht sein, daß ich ihn später aus Versehen mit KURZ anspreche?
<u>Antwort:</u> Theoretisch ist es möglich, daß eine Eselsbrücke zu einem solchen Irrtum führt, aber ich halte das nicht für schlimm; denn: Erstens kommt

eine solche Verwechslung relativ selten vor, insbesondere, wenn Sie mehr Erfahrung im Basteln von Eselsbrücken haben. Und zweitens wird der Namensträger sofort erkennen, *daß* Sie sich bemüht haben, sich seinen Namen zu merken. Ich glaube, daß so ein Fehler immer noch besser wirkt, als wenn man überhaupt keine Ahnung mehr hat, wie er heißt... Und noch etwas: So ein Fehler wird, nachdem er ein einziges Mal korrigiert wurde, den Namen so fest in Ihrem Gedächtnis verankern, daß Sie *diesen* Fehler nie mehr machen werden. Wieder einmal ein Zeichen dafür, daß unser Gehirn ausgezeichnet dafür eingerichtet ist, aus Fehlern zu lernen!

Namen weitergeben (am Telefon)

Am Telefon ist es hilfreich, wenn man Namen und andere Informationen gehirn-gerecht weitergibt. Und zwar nicht nur, wenn der Partner sich den Namen vielleicht merken soll, sondern bereits für das *Verstehen* selbst!

So in etwa gebe ich Namen und Adressen durch, wobei es optimal ist, wenn der Partner (zumindest alle Zahlen) deutlich wiederholt, statt nur "hmm" zu sagen:

> Vorname **Hans**, wie *Hans im Glück*;
> Nachname **Kaiser**, wie *König*;
> Straße: **Sommergasse**, wie *Winter*, Gasse wie *Gassenjunge*, **2**, also: zwo,
> Ort: **Pilsenhofen**, wie Pils-Bier und Hofen wie *Hof*.

Falls Sie meinen, das sei albern: Es folgt die obige Adresse, dreimal *ohne Eselsbrücken* von freiwilligen Versuchspersonen (Manager, die behaupteten, nichts sei alberner als bei jeder Kleinigkeit Eselsbrücken zu bauen) am Telefon weitergegeben. Hier ist ihr Resultat:

> 1. **Hannes Heiser, Sonnengasse 3, Pilzhofen.**
> 2. **Hans Meise, Zonengas 2, Pilshof,**
> 3. **Franz Weiser, Sommerstraße 3, Filsenhofen,**
> statt: **Hans Kaiser, Sommergasse 2, Pilsenhofen.**

Letztendlich spart man weit mehr Zeit, wenn man *gleich* gehirn-gerecht kommuniziert, wobei gerade solche alltäglichen Infos hervorragende Möglichkeiten zum *ständigen Trainieren* bieten. Denn: Jede falsch adressierte Sendung wird vielleicht nicht ankommen oder den Sender verärgern! Wenn

Sie viel telefonieren, dann wäre Ihr Training hierzu besonders hilfreich. Auch könnten Sie einmal die anderen Personen überprüfen, die Ihre Firma am Telefon nach außen hin vertreten (dürfen!). Das beginnt bei der Vermittlung (Zentrale), der *akustischen Visitenkarte* Ihres Betriebes!

Als Vorbereitung zum nächsten Kapitel möchte ich Sie bitten, jetzt gleich eine Aufgabe durchzuführen, bevor Sie weiterlesen:

Machen Sie einen Mini-Test[8]: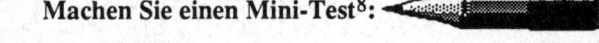

Zeichnen Sie dieses Mädchen ab!

---

[8] Das folgende Kapitel wurde maßgeblich durch das hervorragende Buch von Betty EDWARDS: *Garantiert Zeichnen lernen* (s. Lit.-Verz.) beeinflußt. Dieses besondere Buch möchte ich Ihnen wärmstens ans Herz legen!

Kapitel 6

Jeder kann zeichnen!

Haben Sie die Übung (letzte Seite) absolviert? Bitte beantworten Sie dann folgende Fragen:

1. Haben Sie mehr auf die Vorlage oder häufiger auf das Zeichenpapier geschaut? (Die meisten Menschen werfen viele *kurze* Kontrollblicke auf die Vorlage, und sehen fast nur auf ihr Zeichenpapier!)
2. Ist Ihre "Kopie" gut geworden? (Sind Sie zufrieden?)
3. Ist es Ihnen leicht gefallen?

Nun gibt es zwei Möglichkeiten: Entweder Sie können etwas, was Sie sehen, auf's Papier bringen! Oder Sie waren nicht fähig, eine "gute" Kopie anzufertigen. Dann lesen Sie dieses Kapitel bitte besonders aufmerksam!

Machen Sie einen zweiten Test:

Drehen Sie das Mädchen auf den Kopf und zeichnen Sie es noch einmal ab, so daß auch Ihre Zeichnung "Kopf steht". Aber beachten Sie dabei folgende Hinweise:

1. Denken Sie *nicht*: "Das ist ein Knie, das ist Haar" u. ä. Stattdessen versuchen Sie lediglich zu *sehen*, wie die Linien zueinander bzw. zum Blattrand stehen. Z.B.: *Die Linie ist parallel zu der da.* Oder: *Diese Linie steht im rechten Winkel zum Blattrand.* Sie wissen ja inzwischen, daß Ihre rechte (sprachlose) Hirnhälfte für räumliches Sehen und für die Beziehungen der Linien zueinander zuständig ist.

2. Sie dürfen keinesfalls auf das Zeichenpapier schauen. Starren Sie auf die Vorlage, *erfühlen* Sie eine Linie und ziehen Sie diese auf dem Zeichenpapier nach, mit Gefühl!

3. Nehmen Sie sich Zeit! Wenn Sie das Gefühl haben, der Bleistift auf dem Papier sei "eins" mit Ihrem Blick, dann zeichnen Sie. Wenn Sie diesen "Kontakt" verlieren, dann warten Sie einen Moment!

 Erst weiterlesen, wenn die zweite Zeichnung fertig ist!

Jetzt stellen Sie bitte fest:
1. Wurde die "verkehrte" Zeichnung besser als die "normale" (erste, vorhin)? Falls Sie glauben, dies sei nur der Tatsache zuzuschreiben, daß dies die zweite Zeichnung war, üben Sie mit einer neuen Vorlage (aus einer Illustrierten zum Beispiel), und beweisen Sie sich noch einmal, daß es wesentlich leichter ist, "verkehrt"-herum abzuzeichnen. Warum das so ist, wird unten erklärt!
2. Gibt es Stellen in diesem Bild, die bereits phantastisch geworden sind? Vergleichen Sie bitte ganz genau! Die meisten Seminarteilnehmer finden solche Stellen bereits bei ihrem ersten "Kopfüber"-Versuch!
3. Haben Sie tatsächlich (fast) ausschließlich auf die Vorlage geschaut? Im Zweifelsfalle könnten Sie sich bei weiteren Übungen von jemandem beobachten lassen, der Ihnen Bescheid sagt, wenn Sie zu viel auf's Zeichenpapier sehen!

Wer glaubt, nicht zeichnen zu können, der irrt nämlich fast immer! Testen Sie dies ebenfalls!

Bitte zeichnen Sie:

- ein VIERECK,
- ein DREIECK,
- eine SCHLANGENLINIE.

Bitte schreiben Sie einmal

- alle Groß– und
- Kleinbuchstaben des Alphabets!

Nun, hatten Sie damit Probleme? Sicher nicht! Denn wer meint, er könne nicht zeichnen, *meint, er habe Probleme, die gewünschten Linien auf's Papier zu setzen.* Wenn Sie die letzten beiden Mini-Übungen durchgeführt haben, dann wissen Sie jetzt:

Wer schreiben kann, kann genau die Linien auf's Papier setzen, die ihm "vorschweben". Also hat er gar kein Zeichen-Problem!

"Aber wieso kann ich dann nicht zeichnen?!" fragen Sie jetzt sicher. Antwort: Das Problem liegt *nicht* in den Linien, die Sie auf das Papier setzen, sondern: Das Problem liegt im *Sehen* der Linien! Sie kennen optische Täuschungen! Sie wissen, daß unser Auge oft nicht das wahrnimmt, was vorhanden ist, sondern das, was es wahrzunehmen *erwartet*! Das rechte Hirn aber ist zuständig für die Linien, die nun tatsächlich zu *sehen* wären, wenn Sie sie sehen würden! Also haben wir wieder die LAMRON K.G. (Kap. 1)! Herr Links mischt sich in Angelegenheiten ein, die ihn gar nichts angehen, während das rechte Hirn Däumchen dreht!

Das Buch von Betty EDWARDS *Garantiert zeichnen lernen* zeigt Ihnen anhand leichter Übungen (wie das auf-dem-Kopf-Zeichnen, oben), wie Sie Ihre rechte Hirnhälfte aktivieren können. Dadurch können *auch Sie* zeichnen, d.h. richtig *sehen* lernen! Die Autorin, eine Zeichenlehrerin, hat mit dem Wissen um die beiden Gehirne eine neue Methode geschaffen, die einfach phantastisch ist! Sie sieht das Zeichnen-Lernen als End-Ziel an! Ich jedoch meine, daß es ein phänomenales *Nebenprodukt* Ihres Gehirn-Trainings wäre! Dadurch erhöhen sich Ihre Fähigkeiten des Vor-Stellens, des Ver-BILD-lichens, des Umsetzens von digitalen Informationen in analoge etc. Ich empfehle jedem (der bisher glaubte, er könne nicht zeichnen), dieses Buch zu besorgen und das von Frau EDWARDS entwickelte Training zu durchlaufen!

Nun möchte ich Ihnen einen Abschnitt aus meinem Buch *MacTHINK*[1] anbieten. Er wurde stark von Betty EDWARDS, aber auch von Douglas R. HOFSTADTERs *Gödel, Escher, Bach* (s. Lit.-Verz.) beeinflußt. Daß sich die Szenen vor/an einem Computer abspielen ist nicht wichtig. Erstens kann man die Anregungen auch auf Papier nachvollziehen, zweitens soll man sie vor dem geistigen Auge sehen, und drittens könnte der eine oder andere Leser vielleicht eine Anregung für das Zeichnen am Bildschirm finden.

---

[1] *MacTHINK - Increasing Intelligence and Creativity with the Macintosh Computer*, London and Sydney, 1985, inzwischen aufgrund der rasanten Techno-Entwicklung bereits out-of-date, sprich: vergriffen.

Lamron und der Künstler

Ich möchte Ihnen Lamron und den Künstler vorstellen. Lamron ist ca. 39 Jahre alt (plus/minus 30 Jahre), während der Künstler vor Jahrtausenden, in den Höhlen der Vorzeit, geboren wurde! Sie sitzen vor dem Bildschirm eines Macintosh Computers. Lamron hat gerade den Wunsch geäußert, von dem Künstler zu lernen. Eine seltene Situation, in der Tat.

Der ERSTE Tag

Der Künstler: Normalerweise sehen wir Objekte. Wenn wir einen Stuhl betrachten, dann sehen wir einen Stuhl...

Lamron: **Unsinn! Was sollte ich denn sonst sehen, wenn ich einen Stuhl betrachte?!**

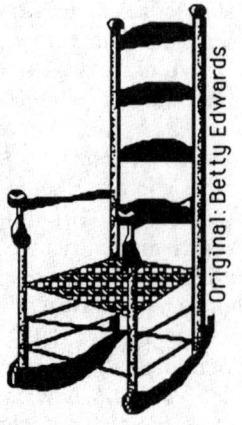

Original: Betty Edwards

Der Künstler: Du könntest deine Aufmerksamkeit auf den Raum lenken, der das Objekt umgibt.

Lamron: **Du meinst, ich soll das Nichts zeichnen?**

Der Künstler: Nun, wenn du es zeichnest, ist es ja kein Nichts mehr, oder?

Lamron: Beginnt zögernd zu zeichnen: **Das ist ein komisches Gefühl...**

Der Künstler: Aber es ist der *rechte* Weg, zu *sehen*.

Lamron: **Ich beginne zu ahnen, was *sehen* heißt...**

Der Künstler: Wenn du deine Aufmerksamkeit auf andere Aspekte der vertrauten Wirklichkeit lenkst, ändert sich diese auf subtile Weise.

Lamron: **Ich muß sagen, meine Versuche, das Nichts zu zeichnen, werden bereits besser als meine früheren Versuche, das Objekt zu zeichnen!**

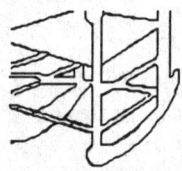

Der Künstler	lächelt.
Lamron:	**Wiewohl die Zwischenräume innen relativ leicht zu sehen sind, wird es außen schwierig, sie wahrzunehmen, weil es hier keine klare Kante mehr gibt...**
Der Künstler:	Hast du zufällig ein leeres Dia-Rähmchen griffbereit? Wenn nicht, könntest du eines basteln...
Lamron:	**Halt, hier ist eines.**
Der Künstler:	Wenn du jetzt da durchschaust, dann wird es das Objekt für dich *einrahmen,* so daß das äußere Nichts wesentlich leichter zu *sehen* sein wird.
Lamron	blickt von verschiedenen Abständen auf den Stuhl:
	Ah, ich sehe!

Der Künstler:	Bald wirst du wirklich *sehen* , mein Freund...
Lamron:	Einige Minuten später. Er hat inzwischen weitergezeichnet:
	Mensch, schau mal! Das hätte ich vor zehn Minuten nicht für möglich gehalten!
Der Künstler:	Natürlich wird das Sehen normalerweise dadurch unterbunden, daß der Herr Links mit Worten eingreift und dich damit in die Sprache der linken Hirnhälfte hineinzieht...
Lamron:	**Und die Sprache des Herrn Rechts?**
Der Künstler:	Die ist so multi-medial, daß ich mir ein wenig *linkisch* vorkäme, wollte ich sie mit Worten beschreiben, aber das *Nichts*, das du eben gezeichnet hast, das ist ein Aspekt davon.
Lamron:	**Hmmm... Und was ist mit Schweigen oder Stille?**
Der Künstler:	Wenn du die Sprache des Schweigens verstehst, dann bist du weise. Denn das Begreifen der verbalen Sprache schafft lediglich Wissen.

Der ZWEITE Tag

Lamron: **Diese Zeichnung fand ich in einem Buch.**

Der Künstler: Du willst sie abzeichnen?

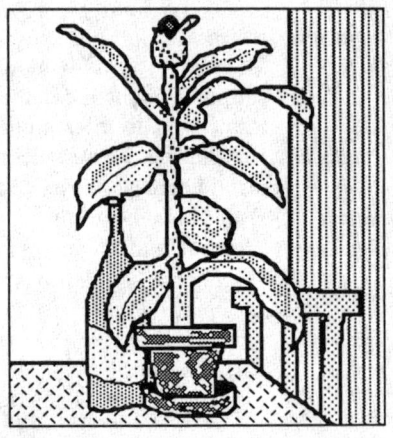

Lamron: **Ja, aber zuerst will ich sie einrahmen...**

Der Künstler nickt zufrieden.

Lamron: **Das fängt direkt an, Spaß zu machen. Wenn man erst einmal weiß, worauf es ankommt, wird es leicht.**

Der Künstler: Ist das nicht immer so?

Lamron   beginnt zu zeichnen, wobei er die vielen möglichen Formen, eine nach der anderen, sieht und auf sein Blatt überträgt.

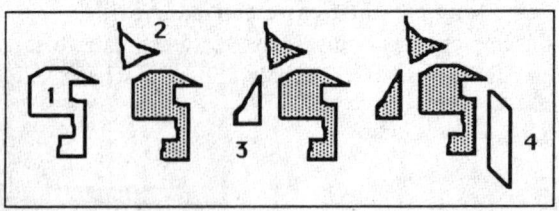

Lamron: **Ich beginne wirklich zu *sehen*. Aber ich befürchte, daß ich morgen wieder ganz normal gucken könnte...**

Der Künstler: Das ist eine Frage der Gewohnheit.

Lamron: **Aber, hatte ich die Gewohnheit des *Sehens* denn nicht schon einmal als Kind, und verlor sie doch später...?**

Der Künstler: Nein. Als Kind lerntest du noch, wie man überhaupt wahrnehmen soll. Die Lernprozesse wurden durch die Umwelt zu einem normalen Schauen statt zu echtem *Sehen* hingelenkt.

Lamron: **Und du glaubst, daß mein Training zum *Sehen* eine bleibende Fähigkeit bewirken wird?**

Der Künstler: Sicher, wenn du regelmäßig *sehen* (üben) wirst.

Lamron: **Also ich muß schon sagen. Es geht wirklich leicht und es macht Freude! Ich bin ganz begeistert.**

Als er sich zum Künstler wendet, stellt er fest, daß dieser verschwunden ist; nur sein Lächeln scheint den Raum noch zu erhellen...

Der DRITTE Tag

Lamron: **Sieh dir mal die Katze an!**

Der Künstler: Du möchtest sie zeichnen?

Lamron: **Ja, aber erst einrahmen. Diese Form scheint mir ein wenig schwierig zu sein.**

Der Künstler: Hast du ein Stück Folie; die kannst du in den Rahmen kleben und dir ein "Zielkreuz" aufzeichnen.

Lamron: **Hey, das ist ein prima Trick!**

Der Künstler: Jetzt kannst du die Katze zeichnen, stimmt's?

Lamron: **Sicher. Ich beginne wieder mit dem leeren Raum, der sie von außen umgibt... Mensch, die Form ist total anders als ich zuerst gedacht hatte!**

Der Künstler: Als dein Herr Links gedacht hatte, meinst du doch?

Lamron: **Stimmt! Sieh mal:**

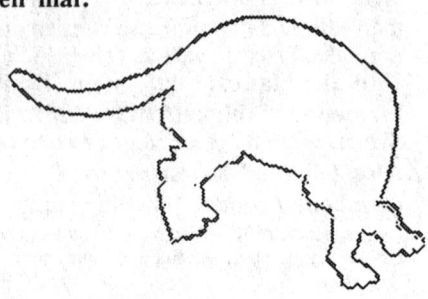

Der Künstler   nickt zustimmend.

Lamron   weiter durch sein Folienrähmchen blickend:

Weißt du, mit diesem Rahmen kann man echt *sehen* lernen.

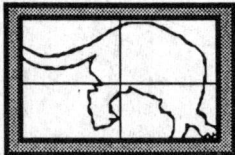 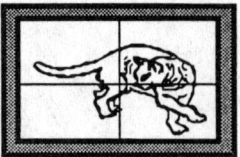

Der Künstler: Nein, mein Freund. Der Rahmen zeigt dir nur, wie leicht es immer schon gewesen wäre! Nimm mal das Bild von den Zebras da... Jetzt erkenne den Raum, der sie umgibt.

Lamron: **Ja, ich hatte mich bei der Katze oben vom Kopf ablenken lassen. Denn, wiewohl er in den leeren Raum, der sie umgibt, gar nicht hineinragt, hatte ich ihn doch dort hineingedacht...**

Der Künstler: Da hat dein Herr Links dazwischengefunkt, denn der weiß ja, aufgrund seiner Erfahrung, daß Katzen Köpfe haben...

Lamron: **Das heißt, dann glaubt man Dinge zu sehen, die gar nicht vorhanden sind! Sieh mal, dieses Bild mit zwei Katzen:**

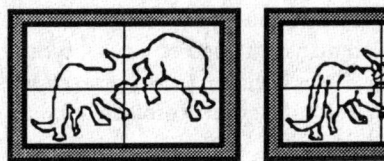

Der Künstler: Ja, du beginnst mit dem *Sehen* vertraut zu werden. Das ist eine Kunst, wenn man wirklich sieht, was vorhanden ist, und nicht, was *laut Regel* vorhanden sein sollte.

Lamron: **Also, erst der Raum, der die zwei Katzen umgibt...**

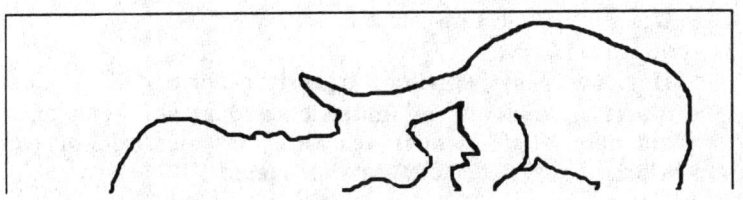

Der Künstler beobachtet Lamron und amüsiert sich über dessen selbstzufriedenes Lächeln, bis die Zeichnung fertig ist.

Der VIERTE Tag

Lamron: **Was wollen wir heute zeichnen?**

Der Künstler: Wie wäre es, wenn du mal etwas was auf dem Kopf zeichnest?

Lamron: **Warum denn das?**

Der Künstler: Weil man dann die Form des Objektes noch leichter erkennt.

Lamron   nimmt sein Rähmchen und betrachtet die neue Vorlage
                  Es schaut schon komisch aus...

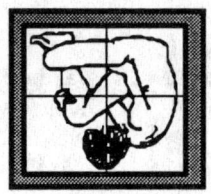

Der Künstler: Das genau, ist die Idee dahinter!

Lamron   beginnt zu zeichnen.
                  **Hey, das geht ja prima! Irgendwie wirken die Linien
                  klarer... Weißt du, es fühlt sich anders an, wenn man
                  auf dem Kopf zeichnet. Ich kann das nicht richtig er-
                  klären... Verstehst du, was ich meine?**

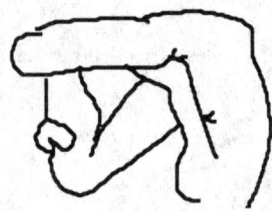

Der Künstler: Natürlich. Dein Wunsch, dieses Gefühl unbedingt mit Worten
                  beschreiben zu wollen, wird von Herrn Links ausgelöst! Laß
                  ihn nicht dazwischenfunken! Überlasse dich einfach dem
                  Gefühl; es muß doch nicht in Worte gefaßt werden! *Fühle* und
                  zeichne! Denn, dieses Fühlen ist eng mit dem *Sehen* verknüpft.
                  Sehen heißt, genaugenommen, mit den Augen ab-TASTEN. Des-
                  halb sagen wir ja, daß wir be-GREIFEN, wenn wir etwas
                  verstehen, nicht wahr?

Lamron   hat eifrig weitergemacht und deutet jetzt glücklich auf seine Zeichnung.
                  Also ich muß sagen, ich bin sehr zufrieden!

Der Künstler: Hmmm...

Der FÜNFTE Tag

Lamron:	**Ich habe gestern noch ein wenig weitergemacht, und da tauchte ein neues Problem auf.**
Der Künstler:	Nämlich?
Lamron:	**Nun, sieh dir diese Zeichnung an. Ich möchte sie auf den Bildschirm übertragen, aber sie ist lang und hoch, während der Bildschirm im Querformat ist.**
Der Künstler:	Warum drehst du sie nicht einfach?
Lamron:	**Sie auf den Kopf zu stellen...? Oh, ich *sehe*, es gibt mehr Wege etwas zu drehen!**

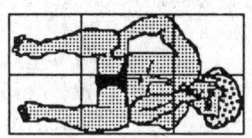

Lamron:	**Sehr zufriedenstellend, nicht wahr? Also, dann Schluß für heute.**

Der SECHSTE Tag

Lamron:	**Du bist heute aber spät dran, mein Lieber.**
Der Künstler	lächelt entschuldigend:
	Zeit ist die Domäne des Herrn Links...
Lamron:	**... der nicht gerade dein engster Freund ist.**
Der Künstler:	Nun, er hat natürlich seinen Nutzen, insbesondere, wenn man ihn zur Kooperation mit mir bewegen kann. Aber, wenn er die Führung an sich reißt, dann wird die Person normaL, mein lieber Lamron!

Lamron: **So wie ich, meinst du wohl?**

Der Künstler: Na ja, du weißt ja: NOMEN EST OMEN... Aber ich sehe, daß du
               wieder weitergemacht hast. Zeig mal her!

Lamron: **Es ist zwar nicht gerade die große Kunst, aber es ist
               doch etwas, was ich ohne die Gespräche mit dir nicht
               geschafft hätte. Hier ist die Figur, die ich zeichnen
               wollte.**

**Ich konnte meinen kleinen Rahmen nicht finden, da
versuchte ich, die Grundform anders zu entdecken:**

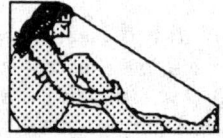

Der Künstler: Interessante Idee. Bist du alleine drauf gekommen?

Lamron: **Ehrlich gesagt, ich habe sie in einem Zeichenbuch ge-
               funden.**

Der Künstler: Jedes normale Zeichenbuch enthält eine Fülle von guten Anre-
               gungen, wenn du sie im Sinne dessen nutzt, was du über das
               rechte Sehen bereits gelernt hast.

Lamron: **Jetzt kommt: Thema mit Variationen!**

Der Künstler: Probiere doch mal *nur die Figuren* selbst zu invertieren[2],
               ohne Rechteck außen herum.

Lamron: **Also erst einfangen, dann invertieren. Aber zuerst in-
               vertiere ich die kleinen Flächen innen...**

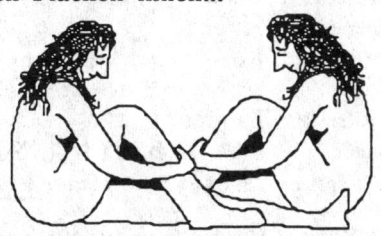

               **... dann werden diese nachher, wenn man die ganze
               Figur farblich umkehrt, sozusagen ein zweites Mal in-
               vertiert, und dann stimmt's.**

Zwischenspiel: Die Nacht zum siebten Tag

Lamron   träumte, daß er schlief, und daß das Telefon klingelte. **Hallo?**

Der Künstler: Ich bin's, mein Freund.

Lamron: **Wo bist du?**

Der Künstler: Wo ich immer bin.

---

[2]D.h. die Schwarz/Weiß-Werte zu vertauschen.

Lamron:	**Oh... Ah, heißt das...?**
Der Künstler:	Wußtest du wirklich nicht, daß ich immer ein Teil von dir war?
Lamron: ·	**Warum hast du dann das Telefon benutzt?**
Der Künstler:	Weil du es normalerweise nie merkst, wenn ich dir raten will. Mit Ausnahme dieser letzten Tage, da du selbst den Kontakt gesucht hast...
Lamron:	**... weil ich bewußt versucht habe, den rechten Weg zum *Sehen* und zum *Zeichnen* zu erlernen?**
Der Künstler:	Ja. Aber es gibt viele Situationen deines Lebens, in denen ich hilfreich sein könnte, wenn du mich lassen würdest.
Lamron:	**Aber ja! Jetzt, da ich dich endlich kennengelernt habe, sehe ich das natürlich.**
Der Künstler:	Dann leg den Hörer sofort auf!
Lamron:	**Aber...**
Der Künstler:	Kein "aber"! Vertrau mir, bitte.
Lamron	legt den Hörer mit einem leisen Seufzer auf die Gabel.
Der Künstler:	Lamron?
Lamron:	**Oh! Du bist wirklich immer da, nicht wahr?**
Der Künstler:	Ja, und ich werde immer bei dir bleiben.

Am nächsten Morgen, beim Aufwachen, weiß Lamron absolut nichts mehr von dem Traum. Er kann auch gar nichts wissen, weil es ihn genaugenommen gar nicht gibt. Schließlich ist er nur das Gleichnis, welches Ihnen helfen soll, Ihrem eigenen Künstler auf die Schliche zu kommen...

Der SIEBTE und LETZTE Tag

Lamron:	**Mensch, bin ich froh, daß wir wieder da sind. Ich hatte schon Angst, daß es uns gar nicht gibt!**
Der Künstler	lächelt leise.
Lamron:	**Geh nie wieder fort, hörst du...?** **Übrigens: Ist dies das Ende?**
Der Künstler:	Nein, es ist nur ein Anfang...
Lamron	lächelt, ohne es zu merken...

Nun, liebe Leser, wenn Ihnen das keinen Appetit macht, dann sollten Sie vielleicht andere rechtshirnige Trainings-Möglichkeiten suchen; zum Beispiel die Musik. Wenn Sie eine Melodie summen, singen, pfeifen oder auf einem Instrument spielen oder einem Musikstück intensiv zuhören, "telefonieren" Sie ebenfalls mit dem Künstler.

Oder würden Sie lieber tanzen oder meditieren? Oder basteln? Oder wollen Sie den Weg des Zen gehen, bei dem der Weg wichtiger ist als das Ziel? Das heißt, daß man jede noch so einfache Handlung mit vollem Bewußtsein, mit seinem ganzen Sein (also mit beiden Hirnen) ausführt, wie bei der berühmten Tee-Zeremonie oder dem Bogenschießen. Aus dieser Tradition stammt der folgende Dialog[3]:

    Schüler: Meister, wie erlange ich Erleuchtung?
    Meister: Hast du deinen Reis schon gegessen?
    Schüler: Ja, Meister.
    Meister: Dann geh, und wasche die Schale.

---

[3] Nach A.W. WATTS

Kapitel 7

Superlearning,
Parallel-Lernen,
Zeitraffer-Technik

Vorbemerkung:
Viele Wege führen bekanntlich nach Rom. So gibt es auch beim Lernen
verschiedene Wege zum Erfolg. Daher wollen wir nachfolgend drei
spezifische Lernansätze betrachten und kurz, im Hinblick auf alles vorher
Gesagte, beleuchten. Jeder dieser Wege allein – oder alle drei miteinander
kombiniert – können die Lernfähigkeit enorm steigern. Sie sollten ein
wenig experimentieren, bis Sie *Ihren* Weg bzw. die für Sie richtige Kombination dieser drei methodischen Ansätze gefunden haben!

1. Superlearning - Die Methode Dr. Lozanov

Es geht um das sogenannte Superlearning[1], das eigentlich "Suggestopädie"
heißt und auch nach dem Erfinder mit "Methode Dr. LOZANOV" bezeichnet
wird. Bereits in den sechziger Jahren begann Dr. Lozanov etwas gegen die
Unlustgefühle beim Lernen zu unternehmen. Seine Methode versucht also,
den Teufelskreis des alten Lernens (s. Kap. 1) zu unterbrechen. Dabei setzt
er gleich an vier Punkten an:

---

[1] Weltweit wurde dieser Lern-Ansatz aufgrund des gleichnamigen Buches von OSTRANDER und
SCHROEDER unter dem Namen *Superlearning* bekannt.

Erstens lernt man eine besondere Entspannungstechnik. Dabei ist wichtig, daß die Hirnwellen in vier Bereiche unterteilt werden. Während wir uns meist in *Beta* befinden, ist der *Alpha*-Bereich (7 - 13 Hz) besser zum Lernen geeignet[2]. Also sollte Superlearning im optimalen Falle mit erhöhter Alpha-Produktion einhergehen.

Zweitens hat LOZANOV festgestellt: Wenn Sie etwas Faszinierendes hören, dann halten Sie unwillkürlich den Atem an. Dieser Effekt wurde ursprünglich durch eine Atemtechnik forciert. Deshalb hing in LOZANOVs Schulraum dieses Schild:

Dies gilt heute aufgrund neuerer Erkenntnisse als überholt.

Drittens hat LOZANOV festgestellt, daß ein Herz-Rhythmus von 60 Schlägen pro Minute das Lernen besonders fördert. Nun ist bekannt, daß Musik den Herzschlag beeinflußt. Daher wird der Lehrstoff bei Superlearning mit Musik gekoppelt, und zwar mit *Stücken*, die einen 60-Schlag-Rhythmus aufweisen, z. B. die *Largo-Sätze* in der Barock-Musik.

Viertens ist LOZANOV klar geworden, daß Informationen, die man hört, *nicht monoton klingen dürfen*, weil jedes gleichbleibende Klangbild einschläfert. Deshalb muß der Sprecher im Unterricht (oder auf Kassette) oft abwechseln: mal laut, mal leise reden, mal mit, mal ohne Betonung, mal im Flüster-, mal im Frageton, mal langsam, mal schnell etc.

Ursprünglich hat LOZANOV vor allem mit Fremdsprachen-Unterricht gearbeitet, wobei die Methode zunächst auf *isoliertes Vokabel-Lernen* ausgerichtet war. Heutige Kurse bieten bereits Ganz-Satz-Strukturen an (gehirngerechter)! Allerdings muß man vorher prüfen, welche Art von Kurs oder Seminar man belegen (oder auf Kassette kaufen) will! Neuere Superlearning-Ansätze bieten inzwischen auch zu anderen Wissensgebieten (z.B. Computer) einen Einstieg an.

---

[2] Noch besser ist jedoch der *Theta*-Bereich, aber dieser kann nicht leicht erlernt werden. Während neue Mönche (jeder Altersgruppe) in Japan oder Neulinge der TM (Transzendentale Meditation) innerhalb von wenigen kurzen Sitzungen lernen konnten, *Alpha*-Wellen zu produzieren, braucht der Mensch viele Jahre bei mehrstündigem Training pro Tag, um einigermaßen zuverlässig *Theta* auszulösen. Der *Theta-Zustand* ist ein Zustand höchsten Wach-Seins bei gleichzeitiger enormer Distanz zu allem; total im Hier und Jetzt, und doch Diesem nicht verhaftet!

"Superlearning" *kann*, richtig eingesetzt, unglaublich hilfreich sein, da im Optimalfall beide Hirnhälften angesprochen werden. Allerdings hängt *alles* vom Instruktor (oder Autor bei Kassetten-Kursen) ab, daher rate ich zu einiger Vorsicht:

1. Einige Buch– und Kurs-Autoren für Superlearning gehen davon aus, daß die rechte Hirnhälfte mit der Musik "beschäftigt" werden soll, da die linke für das Sprachlernen selbst zuständig sei. Diese Einstellung ist aufgrund der Gehirn-Forschung als überholt anzusehen. Die rechte Hemisphäre sollte immer für die Bilder, also für die Vorstellungen, herangezogen werden. Musik hilft zwar, das rechte Hirn zu aktivieren, aber seine eigentliche Aufgabe liegt nicht im Musik-Genießen, sondern im Bilder-Machen!

2. Einige Superlearning-Kurse beinhalten fast nur Vokabel-Listen. Ich bin entschieden gegen das Lernen isolierter Fakten, wie der vorliegende Text ja wohl eindeutig aufzeigt. (Vgl. auch mein Sprachlern-Buch[3].) Ob dies nun einzelne Wörter, Daten, Fakten oder Zahlen sind - immer wird das linke Hirn überanstrengt, während Frau Rechts Däumchen drehen muß. Damit sind wir wieder beim typischen Schul-Lernen (s. Kap. 2), das wenig effizient und frustrierend ist! Daher meine ich, daß die Superlearning-Technik wohl dann am erfolgreichsten sein wird, wenn kurze Sätze oder kleine Spiel-Szenen (im Seminar oder auf Kassette) angeboten werden. Denn diese *vorstellbaren* Szenen bieten den *Sinn-Zusammenhang* für das rechte Hirn, der ja beim Erlernen der Muttersprache auch gegeben war!

3. Man kann auch normale Sprachkassetten mit Dialogen auf Superlearning "trimmen". Am besten überspielt man die Kassette "durch die Luft", d.h. über das externe Mikrophon. Man legt die Leerkassette in das Aufnahme-Gerät und die besprochene Kassette in das Abspiel-Gerät. Nun kann man sowohl die Lautstärke variieren als auch die Pausen. Die Lautstärke wird bei Abspiel-Gerät mal lauter, mal leiser gestellt. Genauso können kurze Pausen (unterschiedlicher Dauer) durch Drücken der Pausetaste beim *Abspiel-Gerät* bewirkt werden, während das Band im Aufnahme-Gerät normal weiterläuft. Auf diese Weise entspricht Ihr neues Band den Forderungen, daß die Sprache weder zu gleichmäßig noch immer gleich laut sein darf!

---

[3] Sprachenlernen leichtgemacht, vgl. Literaturverzeichnis

2. Parallel-Lernen

(Bitte ankreuzen[4])

1. Würden Sie gerne einen spannenden TV–Film sehen, während Sie *gleichzeitig* etwas lernen?

☐ Ja   ☐ Nein

2. Hören Sie gerne *nebenbei* Radio oder Kassetten?

☐ Ja   ☐ Nein

3. Neigen Sie dazu, beim Fernsehen nebenbei noch etwas zu tun (z.B. Hand– oder Bastelarbeiten, Aufräumen, in einer Illustrierten blättern, lesen, mit anderen Menschen sprechen etc.)?

☐ Ja   ☐ Nein

4. Denken Sie beim Selber-Fahren (Auto, Motorrad, Fahrrad) häufig an Dinge, die mit Ihrer Fahrt nichts zu tun haben?

☐ Ja   ☐ Nein

5. Können Sie einem Menschen aufmerksam zuhören, gleichzeitig jedoch bereits über Ihre Antwort nachdenken?

☐ Ja   ☐ Nein

6. Möchten Sie dieses phänomenale Instrument in Ihrem Schädel möglichst optimal (aus-)nutzen?

☐ Ja   ☐ Nein

Falls Sie keine einzige Frage eindeutig mit JA beantworten konnten, dann überspringen Sie dieses Kapitel. Aha, Sie lesen ja doch weiter... Sie wollen mehr wissen! Prima. Es gilt jetzt, drei Fragen abzuklären:

1. Wie und warum funktioniert Parallel-Lernen überhaupt?
2. Welche Art von Informationen sind dazu geeignet?
3. Wieviel Lernen ist sinnvoll?

Beginnen wir gleich mit der letzten Frage! *Wieviel Lernen ist sinnvoll?* Im Seminar wird oft die Frage gestellt, ob man denn nicht alles, also auch das Lernen, übertreiben könne?

Antwort: Solange jemand mehr Lernstoff bewältigen will (oder muß) als Zeit zur Verfügung steht, solange ist jede Technik, die effizienteres Lernen ermöglicht, sinnvoll! Das kann vor *Prüfungen* der Fall sein, und das gilt auch für Menschen, für die *Lernen eine Notwendigkeit* ist (wie für andere Sport oder ein anderes Hobby)! Wenn man jedoch nur wenig lernen will

---

[4] Sicher können Sie auch "jein" sagen, aber versuchen Sie bitte festzustellen: Neigt Ihr "jein" in diesem Fall eher zu JA oder zu NEIN?

(z.B. Hausaufgaben), gilt: Je effizienter Ihre Technik, desto eher ist dieser begrenzte Lernstoff "geschafft", d.h. desto mehr Zeit haben Sie für andere wichtige Dinge! Also spricht doch absolut nichts gegen Parallel–Lernen, oder?

Welche Art von Informationen kann per Parallel–Lernen gelernt werden? *Jede Art von Information, die Ihre Allgemeinbildung erweitert* (selbst wenn Sie diesen Stoff für einen Kurs lernen), also Mitschnitte von Schulfunk- oder Dokumentar-Berichten in Radio oder Fernsehen (wenn in der Sendung sehr viel gesprochen wird, dann sind auch Tonkassetten-Aufzeichnungen geeignet). Auch gibt es zu einigen Wissensgebieten interessante Tonkassetten zu kaufen. Außerdem kann man sich wichtige oder faszinierende Informationen aus Lehr- oder Sachbüchern und Artikeln auf Band lesen (lassen). Last not least kann man via Parallel-Lernen *Sprache* und *Fremdsprachen* lernen. Mit *Sprache* ist Ihre Muttersprache gemeint: Wenn Sie Passagen von Autoren, deren Sprache Ihnen besonders gefällt, öfter anhören, dann werden neue Wörter und Wendungen, die Sie bisher zwar (passiv) verstanden, aber kaum angewendet haben, Teil Ihres *aktiven Vokabulars*. Oder wenn Sie sich Stellen aus Texten über Sprache (z.B. Wolf SCHNEIDER: *Wörter machen Leute*, s. Lit.-Verz.) auf Band lesen[5], dann wird Ihr Gefühl für Sprachmechanismen zwangsläufig geschärft.

Wenn man bedenkt, wieviele Menschen, deren *Instrument* die Sprache eigentlich sein sollte (denken, sich mitteilen, delegieren, motivieren, entscheiden, verhandeln), sich "wischi-waschi" und grammatikalisch falsch ausdrücken... Und wenn man weiter bedenkt, daß Sprache maßgeblich von *den* Vorbildern beeinflußt wird, die man *häufig* hört (liest), dann ist klar, daß regelmäßiges Hören umso erfolgreicher sein wird, je besser die "Vorlagen" sind, die Sie wählen.

Was nun "Sprachen", also Fremdsprachen angeht, gilt: Je öfter Sie kleine Szenen, Dialoge oder Geschichten hören, desto besser ist es natürlich! Aber vergessen Sie nicht, daß Radio- oder TV-Mitschnitte, deren Inhalt Sie noch gar nicht verstehen, auch hervorragend geeignet sind: Damit verschaffen Sie sich ein wenig die Atmosphäre des Landes, dessen Sprache Sie lernen; *Ihre rechte Hirnhälfte wird immer vertrauter mit den typischen Klangbildern Ihrer Zielsprache*, und plötzlich merken Sie, daß Sie bestimmte kurze Wörter schon begreifen. Also:

---

[5] Oder meine Tonkassette *Sprache als Instrument des Denkens* (1987) besorgen

Jedes Mal, wenn Sie Ihre Zielsprache hören, auch wenn Sie (noch) nicht alles verstehen, ist wie ein Mini-Urlaub in diesem Land!

Warum funktioniert Parallel–Lernen überhaupt?

Herr Links arbeitet linear, Schritt-für-Schritt, detailliert (vgl. Kap. 2). Er muß sich *konzentrieren*, d.h. er wendet sich einer Sache ganz zu. Nun ist die linke Hirnhälfte aber auch für Sprache zuständig, und unser bewußtes Denken ist nichts anderes als ein *Monolog des Herrn Links*. Dadurch kommt es zu einer unzulässigen, aber gefährlichen Schlußfolgerung, die uns sehr behindern kann, weil wir sie (selbst-erfüllende Prophezeiung) immer wieder "wahrmachen" werden:

Da man mit Worten jeweils nur über *einen* Vorgang nachdenken kann, schlußfolgern wir, daß man nur einen Vorgang gleichzeitig *aus-führen* könnte!

Deshalb verbieten wir unseren Kindern, bei Mathematik-Aufgaben Radio zu hören! Oder wir ärgern uns über eine Freundin, die während eines Gespräches mit uns ein kompliziertes Muster strickt. Oder wir lassen nicht zu, daß ein Kind an seinem Flugzeug weiterbastelt, wenn wir mit ihm reden wollen ... Tatsache aber ist, daß man sehr wohl mehrere Dinge gleichzeitig tun kann. Nur: In Worte fassen läßt sich dies nicht sehr gut. Denn hier arbeitet Frau Rechts kräftig mit, die aber kann sich sprachlich (fast) nicht ausdrücken!

Wie "geht" Parallel-Lernen nun genau?

Sie werden zwei Dinge gleichzeitig tun: Die HAUPTSACHE und den HINTER-GRUND. Das heißt nicht, daß die Hintergrund-Tätigkeit weniger wichtig wäre, sondern: Ihre Konzentration wird durch die Hauptsache beansprucht, damit der Hintergrund ins Unterbewußtsein dringen kann. Denn das sogenannte Unterbewußtsein ist weitgehend mit der rechten Hirnhälfte identisch! (Vgl. auch Kap. 5: Mechanismen des Unbewußten nutzen lernen.) Also geht es wieder einmal darum, beide Hirnhälften gemeinsam arbeiten zu lassen. Wenn Sie nun bewußt sowohl ein Fachbuch lesen als auch die Nachrichten im Radio hören wollten, dann bekämen Sie sofort Probleme[6].

---

[6] Allerdings haben Untersuchungen unseres Instituts gezeigt, daß manche Leute diese Fertigkeit durch Training sehr wohl erlangen können; sogar drei Dinge können bewältigt werden, wenn die Versuchsperson stark motiviert ist und regelmäßig trainiert!

Würden die Nachrichten jedoch im HINTERGRUND laufen, wären Sie erstaunt, wie viele Informationen Sie "ganz nebenbei" einspeichern würden!

Material:
Sie benötigen ein Kassettengerät mit einem *Ohrhörer* (wird hinter das Ohr gehängt) bzw. einen *offenen* Kopfhörer, der Umweltgeräusche voll durchläßt. Desweiteren benötigen Sie eine Tonkassette mit Lerninformationen. Dies könnte natürlich auch eine Sprachkassette sein...

Vorgehen:
Als HAUPTSACHE soll uns zunächst ein spannender TV–Film dienen: ein Krimi, Thriller, Western – jedenfalls ein Film, der Ihre Aufmerksamkeit voll in Anspruch nehmen kann. Gleichzeitig läuft die Kassette, allerdings so leise, daß Sie mühelos den Filmdialogen folgen können, ohne sich gestört zu fühlen. Jetzt folgt die einzige, aber sehr wichtige "Spielregel":

SIE DÜRFEN KEINESFALLS VERSUCHEN, DEM INHALT DER TONKASSETTE ZU FOLGEN! KONZENTRIEREN SIE SICH AUSSCHLIESSLICH AUF DIE HAUPTSACHE (also in unserem Beispiel auf den TV–Film)!

Für die Leser, die zunächst noch skeptisch sind, schlage ich folgenden Test vor: Besorgen Sie sich eine Tonkassette mit einem Inhalt, der für Sie so neu wie möglich ist; z.B. eine Schulfunksendung über eine berühmte Person, deren Name Ihnen völlig unbekannt ist. Testen Sie dann die Methode, indem Sie diese Kassette extrem leise parallel laufen lassen. Anschließend hören Sie sich diese Kassette einmal "echt" an (z.B. im Auto, im Badezimmer, also neben einer Tätigkeit, die kaum Worte erfordert), und Sie werden feststellen: Es klingt alles vertraut! Sie haben wirklich das Gefühl, das alles schon einmal gehört zu haben. An manchen Stellen "wissen" Sie Einzelheiten, ehe diese auf der Kassette gesagt werden, weil Sie beim Parallel-Lernen eine Menge Informationen aufgenommen hatten, ohne es zu merken!

Wenn Sie Ihre ersten Experimente hinter sich haben, werden Sie feststellen, daß die *Haupttätigkeit* eine zweite Lern-Tätigkeit sein kann. So könnte man bewußt (HAUPTSACHE) Mathe-Aufgaben lösen, während im HINTERGRUND die Englisch-Lektion erklingt. Oder man liest bewußt (HAUPTSACHE), während im HINTERGRUND Informationen zu einem anderen Thema laufen. So läuft bei mir in der Regel Video, während ich Bücher schreibe.

Frust?

Falls Sie das Gefühl haben, daß Parallel–Lernen Sie (im negativen Sinne) aufregt, dann lassen Sie es sein! Menschen, denen man zu lange eingeredet hat, man könne nur eine Sache auf einmal tun, werden durch Parallel-Lernen oft so nervös, daß sie weder die Hauptsache noch den Hintergrund aufnehmen können. Falls Sie dazu gehören: Verzichten Sie auf Parallel-Lernen, *aber reden Sie es bitte anderen nicht aus*, die (intuitiv) dazu gefunden haben. Wenn Ihre Kinder bei den Hausaufgaben die Hitparade hören wollen, lassen Sie sie bitte! Oder wenn Ihr Partner beim Fernsehen liest: Werden Sie nicht "sauer"!

Übungen:

Falls Sie das Gefühl haben, daß Parallel-Lernen für Sie durchaus in Frage kommen könnte, Sie aber anfangs noch Probleme haben, dann können Sie durch folgende Übungen Ihre Fähigkeiten zum Parallel–Lernen erhöhen:

Ü.1 - Fernsehen: Schalten Sie beim Fernsehen regelmäßig auf einen zweiten Sender um, so daß Sie quasi zwei Fernsehsendungen parallel wahrnehmen. Diese Übung zeigt Ihnen, daß Ihr Gehirn durchaus in der Lage ist, zwei Gedanken-Ketten parallel (gleichzeitig) zu verfolgen.

Ü.2 - Radio: Hören Sie Radio (z.B. Nachrichten) und fertigen Sie gleichzeitig eine Abschrift an, z.B. einer Sprachlektion oder eines Zeitungsartikels. Sie können sich auch einige Nachrichtensendungen auf Tonkassette mitschneiden, damit Sie ca. 10 Minuten lang an einem Stück üben können. Außerdem sind Sie dann nicht an die Zeiten gebunden, in denen Nachrichten gesendet werden!

Ü.3 - Musik: Wenn Sie musikalisch sind, dann versuchen Sie doch einmal, den Text eines Liedes auf die Melodie eines anderen zu singen!

Fazit:

Parallel–Lernen nützt die Fähigkeit des Gehirns, parallel vorzugehen, aus. Daher ist es gehirn–gerecht und hilft uns, unsere Fähigkeiten besser zu entwickeln.

Interessanterweise berichten Seminar-Teilnehmer über einige Aspekte, die anscheinend zufällig, als Nebenprodukt von Parallel–Lernen, auftauchen. Sie sehen also, es lohnt sich durchaus, es zumindest einmal zu probieren:

1. Sie können sich, nach den ersten Wochen mit Parallel-Lernen, auch weit besser konzentrieren, wenn Sie normal arbeiten!

2. Sie können einen Gedankengang "halten", wenn Sie plötzlich durch das Telefon oder einen Menschen (Kollegen/Kunden), der in Ihr Zimmer kommt, unterbrochen werden!

3. Sie können auf mehreren Ebenen gleichzeitig denken, also z.B. sowohl die praktische als auch die theoretische Entwicklung eines Vorgangs gleichzeitig bedenken!

4. Sie werden ein besserer Kommunikationspartner, weil Sie sowohl gezielt zuhören als auch Gedanken denken können, die durch die Rede des Partners ausgelöst wurden. (Während die meisten Menschen entweder zuhören oder selber nachdenken!)

Übrigens, falls Sie Kassetten nach der Superlearning-Methode (s. Kap. 7) besitzen, dann können diese ebenfalls beim Parallel–Lernen eingesetzt werden. Wahrscheinlich ist das Hören von "Hintergrund" dem Hören in Alpha ähnlich. Falls Sie selbst uns Ihre Erfahrungen mitteilen wollen, so sind Ihre Berichte höchst willkommen! Entweder an den Verlag oder an birken-bihl-media, Postfach 100654, D-51406 Bergisch Gladbach.

3. Zeitraffer-Technik

(Bitte ankreuzen)

1. Wenn Ihnen jemand langatmig und umständlich etwas erzählt – werden Sie dann ungeduldig?

□ Ja   □ Nein

2. Gibt es viele Menschen (mehr als 50 %), die Ihrer Meinung nach "zu langsam" sprechen?

□ Ja   □ Nein

3. Sprechen Sie selbst eher "zu schnell"?

□ Ja   □ Nein

4. Es geht um Ihre Lesegeschwindigkeit:
   4a (Wenn Sie wissen, wie schnell Sie lesen): Lesen Sie mehr als 300 Wörter pro Minute?

   4b (Wenn Sie Ihre Lesegeschwindigkeit nicht kennen): Schätzen Sie bitte: Lesen Sie "relativ" schnell?

□ Ja   □ Nein

Zusatz zu 4a und 4b:
Ziehen Sie Spaltenlesen (z.B. in einer Tageszeitung) einem breiten Satzspiegel (z.B. bei Büchern) vor?

☐ Ja ☐ Nein

5. Schreiben Sie relativ flott?

☐ Ja ☐ Nein

Wenn Sie alles verneint haben, dann ist die Zeitraffer-Technik für Sie wahrscheinlich nicht geeignet. Trotzdem sollten Sie vielleicht einen Versuch machen, ehe Sie müde abwinken. Je mehr Fragen Sie bejahen konnten, desto besser ist Ihr Gehirn bereits auf die Zeitraffer–Technik vorbereitet!

Was ist Zeitraffer–Technik?

Es ist eine Technik, welche unsere Lern–Geschwindigkeit vervielfacht! Sie können also in weit weniger Zeit mehr lernen als früher! Denn unser normales Wach–Bewußtsein "befindet" sich auf einer anderen Zeitebene als andere Teile unseres Körpers/Geistes.

Eigentlich stellt unser "normales" Zeitempfinden eine Art Super–Zeitlupe dar. Denn, in dem Augenblick, in dem wir ein einziges Wort hören oder denken können, laufen Tausende von Prozessen in Körper und Gehirn ab! Jeder, der schon einmal voll in die rechte Hirnhälfte "hineingefallen" ist, weiß, daß man das "normale" Zeitgefühl völlig "verlieren" kann! Z.B. bei Tätigkeiten, welche bevorzugt von Frau Rechts (vgl. Kap. 2) ausgeführt werden: Musik, Tanz, Meditation, Malen etc. Aber auch in Situationen, in denen Frau Rechts besonders aktiv mitarbeitet, wenn wir also das ganze Gehirn einsetzen!

Desweiteren gilt: Es hat immer schon Menschen gegeben, die weit schneller denken/lesen können als andere (z.B. John F. KENNEDY!) Experimente in den USA haben gezeigt, daß *alle* Menschen ihr derzeitiges Lern- und Denk-Tempo um mindestens 10 % verbessern können. Und daß diejenigen, die sowieso schneller als der Durchschnitt waren, ihr Tempo in der Regel noch einmal um ein Vielfaches steigern konnten!

Material:

Man benötigt die Möglichkeit, einen gesprochenen Text schneller als normal ablaufen zu lassen.

Am Anfang können Sie experimentieren, indem Sie eine 33er-Schallplatte mit 45er-Geschwindigkeit abspielen. Dabei stellen Sie einen "Micky-Maus-

Effekt" fest, Sie merken aber, daß Sie sehr wohl noch verstehen können. Oder Sie nehmen ein Diktiergerät, welches zwei Geschwindigkeiten anbietet: Mit "langsam" aufnehmen, mit "schnell" abspielen.

Sollten Sie die Zeitraffer-Technik jedoch ernsthaft nutzen wollen, dann bräuchten Sie ein neues Gerät, das bereits 1985 in den USA auf den Markt gekommen ist. Es heißt VSC Soundpacer und erlaubt eine stufenlose (bis zu doppelter) Abspielgeschwindigkeit ohne "Micky-Maus-Effekt": Man verändert nämlich zusätzlich zu "speed" noch "pitch"; dadurch wird die Stimme künstlich "heruntergedrückt", also "tiefer" gemacht. Dieser Effekt hebt die Micky-Maus-Qualität auf. Zwar klingt die Stimme etwas eigentümlich, aber durchaus gut verständlich.

Solche Geräte sind inzwischen auf dem deutschen Markt erhältlich. Falls Sie so ein Gerät wollen, aber im Handel keines finden können, dann rufen Sie meinen Trainerkollegen John Doobar an. Er besorgt Ihnen ein solches Gerät aus England. Telefon: 00 44/62 03/18 00 27.

Vorgehen...
Das Vorgehen ist denkbar einfach: Sie spielen Lerninhalte schneller ab. Mit dem oben erwähnten Gerät können Sie die Geschwindigkeit stufenlos einstellen, was besser ist als fest eingebaute Geschwindigkeiten. Sie können bis zu doppelter Geschwindigkeit aber auch bis zu 20% langsamer abspielen!

Beginnen Sie mit einfachen Texten, die Ihnen bereits vertraut sind. Somit beweisen Sie sich zunächst, daß man schnellere Sprache sehr wohl verstehen kann! Testen Sie dann mit einem für Sie neuen Lerninhalt. Letztlich können Sie sogar die Zeitraffer-Technik mit Parallel-Lernen koppeln, wenn Sie das Gefühl haben, daß Sie das schaffen. (Ca. 10 % unserer Seminarteilnehmer haben diese Möglichkeit mit gutem Erfolg angewendet!)

Wenn Sie merken, daß Sie mit der Zeitraffer–Technik gut arbeiten können, dann sollten Sie einmal überlegen, ob Sie an einem Schnell-Lese-Training teilnehmen wollen. Die meisten Menschen lesen mit Richtgeschwindigkeit von 160 WPM (Worten pro Minute), weil unser Schulsystem zwar lehrt, Buchstaben (oder Silben) aneinanderzureihen, aber nicht, ganze Wortgruppen mit einem Blick zu erfassen![7]

Fazit:

Die Zeitraffer-Technik zeigt, welche ungeahnten (brachliegenden) Möglichkeiten noch in uns schlummern! Teilnehmer, die Zeitraffer- (ohne Parallel-) Lernen durchgeführt haben, berichten:

1. **Ihre Konzentrationsfähigkeit ist gestiegen.**
2. **Ihre Lesegeschwindigkeit ist auch ohne spezielles Training um ca. 10% schneller geworden.**

Teilnehmer, die Parallel-Lernen *und* Zeitraffer-Technik anwenden (nicht unbedingt in Kombination, sondern auch einzeln), sagen: Sie beginnen zu erahnen, daß noch weit mehr möglich sein müsse, d. h., sie trauen sich ganz allgemein plötzlich mehr zu!

Diese Verbesserung des Selbstwertgefühls geht übrigens mit jeder Technik einher, die man beherrschen lernt, auch bei Sport, Musik, Tanz etc.

Warum also nicht bei gehirn–gerechtem Arbeiten?

---

7 Vgl. hierzu auch meinen Artikel *Gegen das Tempo–Limit beim Lesen*, in: Management Wissen, März 1984

Kapitel 8

Training für die rechte Hirnhälfte

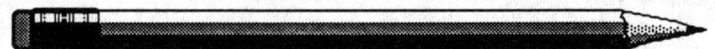

Unser Gehirn ist so phantastisch, daß es uns auch Jahre (oder Jahrzehnte) der ineffizienten Nutzung nicht (sehr) übelnimmt. So daß Sie mit einigen wenigen Übungen innerhalb von nur fünf bis sechs Wochen Ihre Fähigkeiten bereits enorm steigern können. Ein **gutes Gedächtnis** hat viel damit zu tun, ob Sie die folgenden sechs Fähigkeiten beherrschen:

1. Sich BILDER machen
2. ZUSAMMENHÄNGE erkennen
3. ANALOGIEN "sehen" (ist das so wie...?)
4. FALLBEISPIELE bilden
5. ESELSBRÜCKEN "basteln"
6. ASSOZIATIONEN zu Bekanntem herstellen

Machen Sie mit? Wenn Sie besonders "ordentlich" arbeiten wollen, wäre es optimal, sich eine Art Tagebuch anzulegen. Und damit Sie auch genau wissen, wie Ihr Trainings-Ziel aussieht, hier eine kurze Beschreibung:

ZIEL: Ein echter Gehirn-Benutzer werden!

Gehirn-Benutzer/Kurzportrait: Er kann sowohl sauber und präzise im Detail denken als auch den Überblick behalten. Er kann analytisch und kreativ arbeiten. Er kann logisch, rational vorgehen, aber auch intuitiv. Er kann Schritt-für-Schritt (linear) denken, aber auch in Informations-Netzen! Er versteht sehr gut, was er liest/hört. Was er aber verstanden hat, kann er sich auch merken; so daß wir auch sagen können: Er wird, quasi als

Nebenprodukt, sein Gedächtnis wieder voll einsetzen können (wie einst in seiner Kindheit). Er kann sich nach kurzem Training (noch) besser (als vorher) ausdrücken. Genauer gesagt: Das bewußte Bilder-Machen geht mit einem interessanten *Nebeneffekt* einher, es verhindert nämlich, daß man sich "wischi-waschi" ausdrückt (z.B. aus Versehen!). Denn, wer eine klare Vorstellung von dem, was er sagen will, hat, der wird sich automatisch klarer ausdrücken als ein Gehirn-Muffel.

Wenn eine Übung leichtfällt, dann klopfen Sie sich auf die Schulter. Aber jede Übung, die *zunächst* schwerfällt, bringt Ihnen wirklich viel, wenn Sie sie solange (so oft) ausführen, *bis Sie sie durchführen können.*

Die Übungen[1], die ich Ihnen jetzt vorschlagen möchte, fallen in drei Kategorien: **Erstens** *Mini-Übungen,* die besonders darauf angelegt sind, die linke und rechte Hirnhälfte zu koordinieren! **Zweitens** *Zusatzübungen zum Bildermachen* und **drittens** *Trainings-Aufgaben.* Bitte beachten Sie: Sollten Sie nur eine einzige Aufgabe bewältigen wollen, dann wählen Sie die Trainings-Aufgabe Nr.1 (S. 134). Sie allein bewirkt bereits enorm viel. Wenn Sie wirklich "total gehirn-gerecht" denken lernen wollen, dann sollten Sie mehr üben (insbesondere Chefs, Lehrer, Ausbilder, Trainer!).

1. Drei Mini-Übungen

Diese Übungen können Sie ab und zu durchführen, wenn Sie gerade einen Augenblick Zeit haben oder eine kleine Wartezeit überbrücken wollen. Dabei gilt es auch, eine Tatsache zu bedenken, die wir bisher noch nicht ausdrücklich erwähnt hatten:

> Die linke Hirnhälfte versorgt die rechte Körperhälfte und umgekehrt, so daß diese Versorgung *überkreuz* verläuft. Deshalb kann ein Schlaganfall links (im Hirn) rechtsseitige Lähmungen hervorrufen; umgekehrt kann ein Tumor im rechten Hirn zu linksseitigen Lähmungserscheinungen führen. Beide Aussagen gelten natürlich nur, wenn der Schlaganfall bzw. Tumor jene Bereiche schädigt, welche für Bewegungen zuständig sind. Diese Überkreuz-Versorgung gilt sowohl für den sensorischen Bereich (Wahrnehmen = Fühlen, Tasten) als auch für den motorischen (Muskel-Koordination).

---

[1] Einige Übungen dieses Kapitels wurden bereits als Kongress-Unterlagen publiziert: für DVS, München (1986) sowie für GWI, München (1987).

Ü 1 - Spiegelverkehrte Schreibschrift

Halten Sie mit der linken Hand einen dünnen Karton (Karteikarte) an die Stirne. Nehmen Sie den Stift in Ihre rechte Hand und setzen ihn LINKS auf der Karte an. Schreiben Sie Ihren Namen (nach rechts). Dabei "erfühlen" Sie den Schreibprozeß "ganz normal", wie wenn Sie auf dem Tische schreiben. Je weniger Sie dabei denken, umso besser.

Mit der Schreibhand in der "falschen" Richtung auf die Karte schreiben.

Ü 2 - Einen Stift balancieren

Es gilt, einen kleinen Stab auf dem gestreckten Zeigefinger zu balancieren. Dabei werden Sie faszinierende Entdeckungen machen. (Wenn Sie Linkshänder sind, müssen Sie stellenweise "umdenken", aber das sind Sie sicher schon gewohnt.) Es gibt vier Variationen:

1. rechts
2. links

3. rechts mit sprechen
4. links mit sprechen

Variation 1. RECHTS (ohne sprechen)
Wenn Sie auf dem rechten Zeigefinger balancieren, aktivieren Sie den motorischen Bereich im linken Hirn.

Variation 2. LINKS (ohne sprechen)
Hier ist es umgekehrt. Allerdings fällt die Übung den meisten Menschen schwerer, denn wir benutzen die vom linken Hirn gesteuerte rechte Hand in der Regel mehr. So daß diese Übung mehr für die "unterbelichteten Stellen" in Ihrem Gehirn tut als die erste; während für viele (aber nicht alle!) Linkshänder die erste Variation mehr "bringt".

Variation 3. RECHTS (mit sprechen)

Wie oben, nur daß Sie dabei sprechen. (Vielleicht mit einem Partner, der gleichzeitig dieselbe Übung macht?) Wenn Sie alleine sind, könnten Sie ein Gedicht aufzusagen versuchen, während Sie balancieren. Da sowohl Sprache als auch das Balancieren auf dem rechten Zeigefinger von Herrn Links gemanagt werden, ergibt sich ein interessantes "Gefühl" bei dieser Übung.

Variation 4. LINKS (mit sprechen)

Nun wird es erst recht spannend: Herr Rechts muß den Stift balancieren, während Herr Links die Sprache überwacht, so daß diese vierte Übung ein hervorragendes Training zum Teamwork im Gehirn darstellt!

Ü 3 - Spiegelbildlich zeichnen/malen

Diese letzte Mini-Übung sollten Sie so oft wie irgend möglich durchführen, insbesondere solange Sie die vierte Variante der obigen Übung noch nicht schaffen. Zeichnen oder malen Sie spiegelbildlich, mit beiden Händen gleichzeitig.

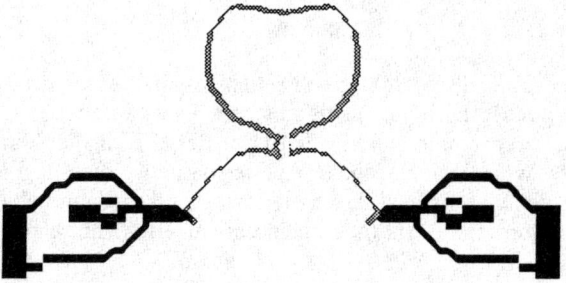

Zwei Variationen sind möglich:

1. Mit Stiften (Pinseln, Federn)
2. Ohne Stifte (auf der Tischplatte, in der Luft)

Wenn Sie diese Mini-Übung ganz langsam und bewußt ausführen, dann haben Sie weit mehr davon. Denn interessanterweise ist die Übung umso hilfreicher, je langsamer und bewußter sie ausgeführt wird. Wer sich mit Zen, Yoga oder T'ai Chi befaßt hat, weiß warum.

2. Zusatz-Übungen zum Bilder-Machen

Ü1 - Liste A: Die Bilder-Kette

Es folgen 12 Worte. Stellen Sie sich das erste bildlich vor, fügen Sie dann das zweite hinzu. Nehmen Sie das erste weg und hängen das dritte an (vgl. Kap. 3). Allerdings gilt es jetzt, die Kette so zu bilden, daß sich daraus eine Art "Handlungsablauf" ergibt (Zeichentrickfilm). Es folgt die Liste:

> LAMPE
> SPAZIERSTOCK
> TELEFON
> FLASCHE
> MODELL-FLUGZEUG
> BUCH
> ZIGARRE
> MESSER
> BRIEFTASCHE
> TEPPICH
> EIN PAAR SKI
> TELESKOP

Der folgende Vorschlag soll denen helfen, die meinen, "es ginge nicht". Das ist der Herr Links, der da meckert. Der da behauptet, daß dies und jenes "nicht zusammenpasse". Er ist der Regel-Einhalter; Frau Rechts kann sich alles vorstellen. Also, lesen Sie meinen Vorschlag *langsam* durch und vergleichen Sie: Ist Ihre Vorstellung besser, dann behalten Sie sie. Ist Ihre weniger interessant (oder nicht vorhanden), dann setzen Sie meine ein:

LAMPE: Sehen Sie eine Ihnen bekannte Lampe!
SPAZIERSTOCK: Dieser könnte quer auf der Lampe liegen.
TELEFON: Statt mit dem Finger wählen Sie mit dem Spazierstock die Nummern.
FLASCHE: Eine riesige leere Flasche, in der ein klitzekleines Telefon läutet!
MODELL-FLUGZEUG: Dieses fliegt um die Flasche herum.
BUCH: ... und landet auf dem Buch.
ZIGARRE: Eine brennende Zigarre liegt auf dem Buch.
MESSER: Ein Messer schneidet die Zigarre in Scheiben, wie eine Salami.
BRIEFTASCHE: Das Messer schiebt sich in eine Brieftasche.
TEPPICH: Die Brieftasche fliegt auf einen Teppich.
EIN PAAR SKI: Diese Ski fahren auf dem Teppich, der leicht gewellt ist und "Hügel" andeutet.
TELESKOP: Die Ski segeln durch die Luft und landen auf dem Teleskop.

(Jetzt noch einmal von vorne, möglichst ohne Lesen!)

Nun, hat es geklappt? Dann könnten Sie noch durch das TELESKOP blicken und die LAMPE sehen; so schließt sich der Kreis!

Falls Sie einen besonders "starken" Herrn Links in Ihrer Mental-Firma haben, dann ist es möglich, daß er sich gegen so "absurde" Bilder zu stark wehrt. In dem Falle könnte es sein, daß Ihnen die *folgende* Technik besser gefällt. Es ist egal, mit welcher Sie letztlich öfter mal üben wollen; beide bewirken dasselbe.

Ü 2 - Gedachtes in der Gegend verteilen

Dies ist eine alte mnemonische Technik, so haben die Redner im alten Rom ihre Stichpunkte geistig aufgehängt, denn sie sprachen alle frei. Übrigens haben sich Reste dieser Technik in Redewendungen erhalten. So sagt man im Englischen für *erstens, zweitens* etc. *in the first place, in the second place* (wörtlich: *am ersten Platz, am zweiten Platz...*). Stellen Sie sich also vor, Sie verlassen (oder betreten) Ihre Wohnung und "begegnen" diesen Dingen:

> TENNISBALL
> MESSBECHER
> SANDWICH
> RADKAPPE
> GLÜHBIRNE
> TELEFON
> FAHRRADKETTE
> BUCH
> TERMINKALENDER
> SCHUHE

So *könnte* die Vor-Stellungs-Kette aussehen:

Ich öffne die Türe, und sehe einen TENNISBALL, der auf- und abhüpft. Auf der vierten Stufe sehe ich einen roten Plastik-MESSBECHER mit Wasser gefüllt. Auf dem Treppenabsatz sehe ich ein SANDWICH, und auf dem zweiten Treppenabschnitt rollt mir eine RADKAPPE (von einem Auto) entgegen. Am Eingang leuchtet eine GLÜHBIRNE blinkenderweise mehrmals auf. Dann trete ich hinaus und sehe ein TELEFON, das laut läutet und dessen Hörer sich von Geisterhand abhebt! An der Hausecke hängt eine FAHRRADKETTE an dem Wasserhahn, und auf der Mauer liegt ein riesiges BUCH, dessen Seiten im Winde flattern. Zwischen dem Tor und meinem Wagen sehe ich in der Luft einen TERMINKALENDER hängen, der laut piept! Und als ich die Tür meines Wohnmobils öffne, fallen mir zwei SCHUHE entgegen!

Falls Sie ein wenig weiterüben wollen, gilt: Am besten tun Sie sich mit einer anderen Person zusammen. Jeder schreibt ein paar Wortlisten für den anderen, dann tauschen Sie aus. Oder aber Sie üben "life", indem der eine die Worte laut nennt. Diese Variante ist besonders für Menschen hilfreich, die besser über's Ohr lernen!

Ü 3 - Die Zukunft sehen

Nehmen wir an, Sie wollen in dem Gebäude, in dem Sie arbeiten, einige Dinge erledigen: An der *Pforte* wollen Sie Bescheid sagen, daß Sie einen *Besuch* erwarten. Im 1. Stock wollen Sie *Unterlagen* abholen. Im 2. Stock wollen Sie einer *Kollegin* etwas ausrichten. Im 4. Stock wollen Sie bei einer *Abteilung* hereinschauen, um etwas zu erfahren. Und im 5. Stock wollen Sie beim Eintritt in Ihr eigenes Büro sofort *Herrn X in Firma Y anrufen* wegen des Messetermins. Jetzt sitzen Sie zuhause und planen all dies!

Also, setzen Sie sich hin, schließen Sie die Augen und durchlaufen Sie in Ihrer Vorstellung alle Vorgänge! (Sie erinnern sich an das Fallbeispiel mit der *Ratte* in Kap. 3?) Das ist die Technik, um die es hier geht. Hier wieder ein Angebot, wie solch eine Visualisierung aussehen *könnte*:

Sie steigen aus dem Wagen und gehen zum Gebäude! An der Türe steht der PFÖRTNER (der normalerweise hinter seinem Fenster sitzt) und winkt Ihnen aufgeregt zu! Ihr BESUCH sitzt auf der Schulter des Mannes! Sie reden mit dem Pförtner, wobei Sie auf den kleinen Besucher auf seiner Schulter deuten! Dann gehen Sie weiter. Wenn Sie mit dem Lift fahren, stellen Sie sich die Stockwerksanzeige mit den leuchtenden Ziffern vor! Wenn Sie die Treppe nehmen, "sehen" Sie die Zahlen der Stockwerke an der Wand, in denen Sie etwas erledigen müssen. Zuerst wollen Sie einige Unterlagen im 1. Stock abholen. Also sehen Sie die "1" sowie die UNTERLAGEN, die Ihnen durch die Luft entgegenfliegen! In dem Moment, da Sie diese Unterlagen sichten (Windstärke 9), kehren diese um und fliegen in das betreffende Zimmer. Sie "folgen" also nur! Wenn Sie im 2. Stock ankommen sehen, liegt die KOLLEGIN, der Sie etwas ausrichten wollen, auf dem Boden und lacht! Dann hält sie die Hand ans Ohr, um Ihre Nachricht besser zu verstehen! Im 4. Stock "sehen" Sie einen blutroten Pfeil, welcher "piep-piep-piep" macht, und folgen ihm zu der ABTEILUNG, zu der Sie wollen. Im 5. Stock "sehen" Sie ein riesiges TELEFON, welches läutet. Sie nehmen ab und Herr X von der Firma Y schreit MESSETERMIN ! Sie gehen mit dem Telefon unter dem Arm zu Ihrem Schreibtisch, so daß auch Telefon und Ihr Tisch miteinander verbunden sind!

Ü 4 -   Partyspiel: Kofferpacken

Die nächste Übung ist ein bekanntes Partyspiel! Sie können ein Experiment machen! In der ersten Runde verraten Sie noch nichts (Sie sagen also nichts vom Bilder-Machen, vom gehirn-gerechten Zusammenarbeiten beider Hirnhälften etc.). Wenn die Gruppe Probleme hat, notieren Sie, *wie weit* man gekommen ist! Dann erläutern Sie ein wenig das Bildermachen und beginnen eine neue Runde! Seminarerfahrungen haben gezeigt: In der ersten Runde wird es beim 6. – 8. Glied der Kette "schwer"! Später können mühelos 16 – 22 Glieder ins Gedächtnis gespeichert werden!

Die Aufgabe: Jeder nennt seinen Vornamen und sagt dazu, was er in einen Koffer packen würde. Jeder muß Namen und das "Eingepackte" aller Vorgänger wiederholen, ehe er selbst seinen Namen nennt und "einpackt". Zum Beispiel:

1. Ich heiße Emil und packe Socken ein.
2. Der Emil packt Socken ein. Ich bin die Gertrud und ich nehme ein Kleid mit.
3. Der Emil packt Socken ein. Die Gertrud ein Kleid. Ich heiße Josef und nehme ein Unterhemd mit.
4. Emil – Socken. Gertrud – Kleid. Josef – Unterhemd. Ich bin Manfred und nehme einen Regenschirm mit.
    Etc.

Es ist egal, ob die Spieler beim Wiederholen ganze Sätze bilden (wie 1, 2 und 3, oben) oder im Telegramm-Stil sprechen (wie 4).

<u>Variations-Möglichkeiten für viele "bunte Abende"</u>:

a) Einkäufe im Supermarkt,
b) Einkäufe für Weihnachten,
c) Einkäufe im Hobbymarkt,
d) Schaufenster-Anschauen: Möbelladen,
e) Schaufenster-Anschauen: Spielwarenladen,
f) Flughafen, Mitreisende in Berufskleidung.
    Etc.

Wichtig ist, daß alle Spieler sich das Genannte auch vor-stellen können! Vögel, Blumen, Bäume oder Flugzeugtypen können nur von Gruppen gewählt werden, die eine *klare* Vorstellung hierzu haben! Also könnten Vogel-Liebhaber Vögel, Campingfans hingegen Zelt-Arten oder Wohnmobile, oder Briefmarkensammler auch Briefmarken nehmen!

Je schwerer Ihnen das Kofferpacken-Spiel fällt, desto öfter sollten Sie spielen! Und: Man kann diese Aufgabe auch alleine durchführen, z.B. um Wartezeiten zu überbrücken!

Große Probleme beim Visualisieren?

Manche Menschen sehen ihre Vorstellungen so unklar, daß sie meinen, sie sähen gar keine! Aber das ist falsch! Wenn Sie Ihr Haus, Ihr Auto, Ihre Schwiegermutter, Ihre Tasche (und Tausende von Dingen) sofort und ohne Zögern von fremden unterscheiden können, dann *haben* Sie ein klares Bild! Sie müssen lediglich lernen, Ihr Bild bewußt werden zu lassen, da Sie diesen Vorgang ins Unbewußte verschoben haben! Im Notfall helfen anfangs kleine Zeichnungen; Strichmännchen-Stil genügt vollkommen!

3. Trainings-Aufgaben

Die folgenden Aufgaben sollten *regelmäßig* durchgeführt werden. Dabei sollten Sie möglichst nicht unterbrochen werden. Optimal ist es, den Fortschritt in einem Tagebuch festzuhalten.

Trainings-Aufgabe Nr. 1
Imaginations-Übung nach Birkenbihl

Diese Übung[2] stärkt Ihre Fähigkeit, sich "Bilder zu machen", also bewußte Vorstellungen vor Ihrem geistigen Auge zu "sehen". Diese Fähigkeit wird auch *imaginieren* (lateinisch *imago* = Bild) genannt und ist, wie wir bereits gesehen haben, unendlich wichtig. Denn: Jede Information, die beide Hirnhälften "anspricht", ist gehirn-gerecht und wird daher sowohl besser begriffen als auch wesentlich leichter gemerkt!

<u>Material:</u>
Sie benötigen einen Kassettenrecorder und eine Kassette mit einem Ihnen (noch) unbekannten Text.

---

[2] Ich mache Trainer-Kollegen darauf aufmerksam, daß diese Übung mit dem Copyright Vera F. Birkenbihl 1970 (USA), 1973 (Deutschland) geschützt ist. Sie können sie gerne zitieren (mit Quellen-Angabe), aber bitte verteilen Sie keine fotokopierten Seminar-Unterlagen, die den Eindruck erwecken, Sie selbst hätten sich diese Übung ausgedacht. Ich danke Ihnen. (Dieser Hinweis wurde durch bittere Erfahrung notwendig!)

So können Sie z.B. Nachrichten im Radio mitschneiden *ohne* diese dabei anzuhören. Oder Sie lassen sich von einem Helfer informative Sendungen (Schulfunk, interessante Diskussionen, Auslandsreportagen) auf Band nehmen. Oder Sie arbeiten mit kommerziellen Info-Kassetten (es gibt inzwischen bereits einige hochinteressante Angebote auf dem deutschen Markt). *Mit dieser Tonkassette arbeiten Sie dann.*

Übrigens berichten meine Teilnehmer oft, daß sie diese Übung gerne mit Kopfhörern machen. Anscheinend unterstützen diese die Konzentration...

 SCHRITT 1:
Lauschen Sie jeweils ca. 1 Minute lang, und drücken Sie dann die Pausetaste.

 SCHRITT 2:
Stellen Sie sich das Gehörte jetzt bildlich vor!

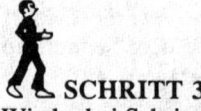

SCHRITT 3:
Wieder bei Schritt 1 beginnen, bis die Übungszeit (ca. 10 Minuten pro Tag, aber in **einer** Sitzung) abgelaufen ist.

Sie werden bald feststellen, daß Sie die Pausetaste immer seltener drücken müssen. D.h.: Ihre Fähigkeit, die "Bilder" parallel zum gesprochenen Wort zu "sehen", wird sich spürbar verbessern!

Der Unfall ereignete sich, als Kinder, die vor einem Fabrikgebäude Fußball spielten...

Hilfestellung: Angenommen, Sie hören, daß der Außenminister nach Stockholm geflogen ist, um dort an einer Konferenz über das bilaterale Dingsbums teilzunehmen; und Sie drücken jetzt die Pausetaste. Dann könnten Sie den Minister "sehen", wie er ins Flugzeug steigt. Je besser Sie den Mann kennen, desto näher können Sie "herangehen" (Zoom). Anderenfalls sehen Sie ihn "aus großer Entfernung", nehmen sich jedoch vor, das nächste Mal beim Zeitunglesen (Foto) oder Fernsehen aufzupassen, wie er nun wirklich aussieht.

Als nächstes könnten Sie den Start der Maschine beobachten. Sie wird klein und kleiner... Nun sehen Sie dieses klitzekleine Flugzeug (Spielzeug!) über eine Europakarte fliegen. Falls Sie nicht wissen, wo der genannte Ort liegt, wäre es natürlich besonders günstig, gleich nachzuschauen! Nachdem das Flugzeug auf der Karte (Stockholm) aufgesetzt hat, gehen Sie wieder in den "Zoom-Modus" und beobachten, wie der Minister aussteigt. Danach hören Sie sich wieder etwas Text an, drücken die Pausetaste u.s.w.

Drei Hinweise zu dieser Übung:
1. Was Sie vor Ihrem geistigen Auge *nicht* "sehen" können, sollten Sie, wenn nötig, nachschlagen. Optimal wäre es natürlich, wenn Sie eine gute Enzyklopädie zur Hand hätten. Es gibt übrigens Taschenbuch-Ausgaben von kompletten Lexika für unter DM 150.- zu kaufen. Möglich wäre auch ein drei- oder fünfbändiges Jugendlexikon, wenn es viele Abbildungen enthält. Wenn dann noch Landkarten zur Verfügung stehen, sind Sie gerüstet...

2. Diesen Trainings-Teil können Sie als beendet ansehen, wenn Sie **ohne** Pausetaste aber **mit Bildern im Kopf** (klaren Vorstellungen) zuhören können! Ab diesem Zeitpunkt werden Sie auch im normalen Alltag automatisch immer bewußt Bilder sehen, wenn Sie etwas hören...

3. Nach diesem Training werden Sie **immer** bewußt registrieren, wenn Sie sich etwas (einmal) nicht vorstellen können. Diese Tatsache ist wichtig; denn sie wird Sie auch später regelmäßig veranlassen, intelligente Zwischenfragen zu stellen, wenn Ihnen jemand etwas erzählt. Sei es, weil der Sender der Nachricht sich "wischi-waschi" ausdrückt; sei es, weil er eine Information zu erwähnen vergaß; oder sei es, weil jemand Ihnen Dinge unklar erzählt, die Ihnen noch neu (unbekannt) sind.

Diese Fähigkeit des intelligenten Rückfragens sollte eigentlich schon mit Schülern trainiert werden! Falls Sie junge Leute in Ihrer Familie haben, könnten Sie quasi ein Gruppentraining daraus machen! Ein Nebeneffekt dieser Übung ist der Umstand, daß Sie in Zukunft *immer* merken, wenn Informationen unklar oder unvollständig sind. Dadurch fällt es Ihnen automatisch leichter, das Wichtige einer Nachricht zu "finden". Und gerade das ist eine der wesentlichsten Grund-Voraussetzungen für intelligente Geistesarbeit. Also, dies ist doch ein höchst nützliches Nebenprodukt Ihres Trainings, oder?

Achtung: Die obige Übung ist ein absolutes Muß, *wenn* Sie etwas verändern wollen.

Aber auch die folgenden Trainings-Aufgaben haben sich in fast zwei Jahrzehnten sehr bewährt!

Trainings-Aufgabe Nr. 2
Übung zum gehirn-gerechten Fernsehen

Material:

 *Sie benötigen einen Fernseher und einen Recorder (Video oder normaler Tonkassetten-Recorder) sowie Karteikarten in zwei Farben.*

SCHRITT 1

Sehen Sie sich eine TV-Sendung an, die Sie *gleichzeitig mitschneiden*. Es genügt, den Ton auf Audio-Kassette aufzuzeichnen, wenn Sie kein Videogerät besitzen. Falls Ihr Fernseher keine Buchse zum Aufnehmen hat, so kann man den Ton auch vom TV-Lautsprecher weg aufnehmen.

SCHRITT 2

Notieren Sie nach der Sendung die einzelnen Themen (= Hauptpunkte) auf Karteikarten der **ersten** Farbe, und zwar pro Thema (Überschrift, Stichpunkt) eine Karte.

SCHRITT 3

Gehen Sie anschließend die Karten noch einmal durch und notieren Sie unter der Themenüberschrift *stichpunktartig*, welche Detail-Informationen Ihnen jetzt noch einfallen.

SCHRITT 4

Vergleichen Sie Ihr Ergebnis mit der Kassetten-Aufzeichnung und notieren Sie die vergessenen (und somit fehlenden) Themen auf Karten der **zweiten** Farbe, die Sie jetzt an den Stellen einfügen, wo sie (von der Reihenfolge her) gefehlt hatten. Durch die Farb-Kodierung können Sie später mit einem Blick erkennen, welche Information zunächst von Ihnen erinnert worden war, und welche Sie bei der Kontrolle mittels Kassette erst eingefügt haben.

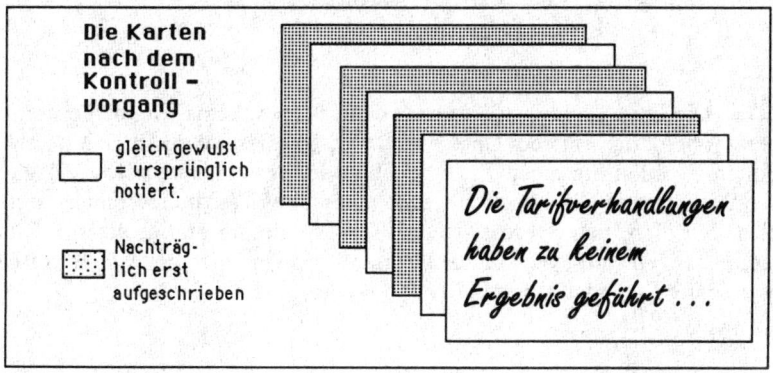

SCHRITT 5

Räumen Sie jetzt alles weg, wobei Sie die Karten in der richtigen Reihenfolge belassen. Tip: Ein Gummiband erspart den Karteikasten. Lenken Sie sich mindestens eine Stunde lang ab.

SCHRITT 6

Später, z.B. ehe Sie zu Bett gehen, *notieren* Sie noch einmal die Hauptpunkte auf einen Zettel (in Ihr Tagebuch). Dabei merken Sie, wieviele Details Ihnen *jetzt* einfallen.

Sollten Sie Ihr Training mit einem Partner durchlaufen, dann könnte jetzt jeweils einer den anderen "abhören", so daß man das Erinnerte laut spricht, statt es zu schreiben. Dies ist besonders für die Menschen wertvoll, die im Alltag eher mündlich als schriftlich kommunizieren.

SCHRITT 7

Vergleichen Sie Ihre Notizen mit den Karteikarten, und beantworten Sie die beiden Fragen im Protokoll (Anhang, S. 168), das Sie auch fotokopieren und regelmäßig verwenden können.

Trainings-Aufgabe Nr. 3
Übung: Gehirn-gerechtes Lesen

Die Lese-Übung verläuft nach demselben Schema wie die Fernseh-Übung (oben), nur mit dem Unterschied, daß Sie diesmal einen Text durcharbeiten. Wählen Sie einen Text, der Ihren Interessen entspricht. Er kann sowohl informativ (Sachbuch) als auch unterhaltend (Kriminalroman) sein. Gehen Sie dieselben Schritte wie bei der TV-Übung durch; machen Sie wieder Notizen (auf verschiedenfarbige Karten) und tragen Sie Ihre Ergebnisse ins Tagebuch (Protokoll) ein.

Trainings-Aufgabe Nr. 4
Übung: Eselsbrücken "basteln"

Eselsbrücken sind immer dann sinnvoll, wenn die anderen Methoden versagen. Z.B, wenn wir uns das Neue nicht bildlich vorstellen bzw. durch ein Fallbeispiel oder eine Analogie zu Bekanntem "vertraut" machen können (wobei jede Esels**brücke** als **Brücke** zwischen den beiden Hirnen fungiert und somit unterstützende Funktion hat). Also "macht" die Eselsbrücke eine Information gehirn-gerecht, die zunächst nicht gehirn-gerecht gewesen ist. Dabei gilt:

Der Gehirn-Muffel akzeptiert zwar Eselsbrücken, die man ihm anbietet; aber es käme ihm nie in den Sinn, sich in der täglichen Praxis selber welche zu "basteln"!

Diese Fähigkeit, selber welche zu bauen, kann man jedoch sehr schnell entwickeln! Wenn man sich diese neue "Denke" erst einmal angewöhnt hat, wird man sich fragen, warum man früher so selten Eselsbrücken gebaut hatte! Welche Mechanismen kann man ausnutzen?

Angenommen, Sie wollen lernen, daß der sogenannte Balken (=das verbindende Nervengeflecht zwischen den beiden Großhirn-Hemisphären) in der Fachsprache **corpus callosum** heißt. Nun, überlegen Sie bitte einmal, wie Sie dieses Wissen zu Ihrem eigenen Vorhandenen in Beziehung setzen können. Denn, es gilt folgende Regel:

Regel:
> *Während eine Eselsbrücke für die Allgemeinheit so gehalten sein muß, daß sie für die meisten Menschen eine Hilfestellung anbietet (z. B.: Drei, drei, drei -- bei Issos Keilerei), ist das bei "privaten" Eselsbrücken, die Sie selber basteln, entschieden nicht der Fall. Diese "Brücke" soll lediglich <u>Ihre</u> beiden Hirnhälften verbinden, nicht aber die von Otto Normalverbraucher. Daher bauen Sie sie ausschließlich auf Ihrem persönlichen Wissen auf!!*

Eine Seminarteilnehmerin (Tonband-Protokoll):

> Also, **corpus** erinnert mich an KÖRPER (vgl. corpus Christi). Es geht zwar hier nicht um einen Körper im üblichen Sinn, sondern ein Nervengeflecht, aber, wenn es so heißt, na ja. Und **callosum** ... hm... ah, ja: **callous** (Englisch *verhärtet*) ... wie interessant... Dann ist das corpus callosum also ein VERHÄRTETER KÖRPER. Aha! Das ist ein BALKEN ebenfalls. So, so.

Möglicherweise hätten Sie völlig anders gedacht; vielleicht an Ihren Freund **Kalle**, oder, wie ein Teilnehmer (aus Berlin) an ein callgirl: Er sagte spontan: **CORPUS CALL** girl **O** wat'n bu**SUM**! (wobei die fetten Buchstaben natürlich lauter und betont ausgesprochen werden). Gerade dieses Beispiel zeigt, daß sexuelle Assoziationen hervorragend "greifen" können. Manche Teilnehmer behaupten, 90% Ihrer (höchst privaten) Eselsbrücken hätten mit Thema Nr. Eins[3] zu tun. Übrigens: Alle Beispiele (oben und folgend) zeigen wieder einmal:

Je mehr man lernt (und später auch weiß), desto leichter kann man neue Informationen aufnehmen. Dies gilt z.B. auch für das Basteln von Eselsbrücken, die ja immer auf vorhandenem Wissen basieren müssen!

Noch ein Beispiel: Im Arabischen hatte ich zunächst furchtbare Probleme mit drei Wörtern, deren Bedeutung ich laufend verwechselte: **AMIR** = PRINZ (oder Herrscher), **AMIL** = ARBEITER, und **ALIM** = ein WEISER (Mann). Welche Eselsbrücken fallen Ihnen ein? Vielleicht denken Sie erst kurz nach, ehe Sie weiterlesen!

---

[3] Man merkt wieder einmal, daß doch die meisten Seminarteilnehmer Männer sind, oder...?

Meine Eselsbrücken:

> 1. Also, **AMIR**, das ist der Prinz (Herrscher). Der hat alles. Der braucht nichts, auch keine Eselsbrücke.
> 2. A **MIL**-lion **ARBEIT**slose ham ma scho[4] (das waren noch Zeiten, was?)
> 3. Ein **WEISER** (Mann) zahlt seine **ALIM**-ente, oder auch nicht!

Sie sehen, egal wie absurd es für Sie als Leser jetzt (vor Ihrem geistigen Ohr) klingen mag. Mir hat's damals geholfen! Eine selbstgebastelte Eselsbrücke hat übrigens immer zwei Vorteile:

Erstens: Man hat weit bewußter nachgedacht als beim Pauken. Zweitens: Man hat auf eigenem, vorhandenem Wissen "aufgebaut"!

Klingende Eselsbrücken

Was uns normalerweise nicht bewußt wird, ist die Tatsache, daß Klangbild und Rhythmus von Sprache unsere Fähigkeit, uns eine Information zu merken, stark beeinflussen:

<u>Beispiel Reim:</u> Konvex ist der Podex

Eselsbrücken wie z. B. *Drei, drei, drei - bei Issos Keilerei* sind so "stark", weil sie sich reimen. Aber oft reicht es schon, wenn die Eselsbrücke denselben Sprachrhythmus imitiert oder einen Fast-Reim anbietet: So stellte sich mir der Direktor einer Pharmazeutischen Firma vor Jahren vor: "Mein Name ist Schuback - Schuback wie Zwieback!" Ich habe es nie vergessen! Dieses Beispiel demonstriert nämlich auch, daß die Eselsbrücke nur Teil des Namens (oder Fremdwortes oder der Formel etc.) umfassen muß. Der Rest "hängt" dann später per Assoziation wieder "dran".

<u>Beispiele Satz-Rhythmus:</u>

"Bauknecht" weiß, was Frauen wünschen!

Katzen würden "Whiskas" kaufen

Manche Eselsbrücken nutzen eine besonders eingängige (= ins Gehirn hineingehende) Silbenzahl. Wenn Sie Werbe-Slogans in Radio und Fernsehen einmal bewußt daraufhin anhören, werden Sie es sofort merken. So kann man sich auch Merksätze basteln, die ähnlich aufgebaut sind. Da sich das aber schlecht auf Papier darstellen läßt, müssen Sie es selber ausprobieren...

---

[4] Bayrisch für "haben wir schon"

Beispiel Stabreim:
Kann's Kartellamt Kinder kriegen?

Ein weiterer Mechanismus, der Eselsbrücken (und Werbeslogans) erfolgreich macht, ist der *Stabreim*: Das heißt, jedes Wort beginnt mit denselben Konsonanten (teilweise sogar mit derselben Konsonantengruppe, also Silbe).

Der **Stabreim stärkt stark**, deshalb wird er bevorzugt bei Selbst-Hypnose (Auto-Suggestion[5]) eingesetzt. Eine typische Formulierung der sog. *formelhaften Vorsatzbildung* des Autogenen Trainings lautet: "Ich bin ganz gelassen" oder, wenn jemand Angst hat: "Es {=das Angstauslösende} ist **ganz gleichgültig**". Übrigens: Auch der Begriff **For**melhafte **Vor**satzbildung ist ein Stabreim, allerdings *sieht* man das nicht sofort; aber <u>For</u>... und <u>Vor</u>... *klingen* natürlich gleich.

Aufgaben

1. Notieren Sie bitte jetzt gleich alle Eselsbrücken, die Ihnen spontan einfallen. Erinnern Sie sich, wann Sie sie kennengelernt haben (Kindheit, Teenage, erst vor kurzem?), und registrieren Sie bewußt, wie erfolgreich diese Eselsbrücken bereits für Sie waren.

2. Sammeln Sie einmal vier Wochen lang alle Eselsbrücken, derer Sie habhaft werden können. Fragen Sie jeden, den Sie kennen, welche Eselsbrücken ihm (ihr) zuerst einfallen, so daß Sie die häufigsten identifizieren können. Prüfen Sie (gemäß der oben angegebenen Merkmale), warum diese Eselsbrücken so "gut" funktionieren.

3. Basteln Sie ab jetzt regelmäßig Eselsbrücken, zunächst "nur so zum Spaß", bis Sie immer besser werden. Dann übertragen Sie diese neue Fertigkeit auf Alltags-Situationen, in denen Sie wirklich eine Hilfestellung benötigen, um einen Begriff oder Namen *leicht merkbar*[6] zu machen. Erinnern Sie sich an die Weitergabe von Namen und Adressen am Telefon (Kap. 5)? Benutzen Sie *jede Chance* zum Üben. Und wenn Sie einem "trockenen" Begriff begegnen, dann wandeln Sie ihn um in einen, der jetzt *für Sie* gehirn-gerecht ist!

---

[5] was de facto dasselbe ist

[6] Sie wissen ja, je merk-*würdiger*, desto *würdiger* gemerkt zu werden.

Trainings-Aufgabe Nr. 5
Positive Vorstellungen erwecken

Vorstellungen sind nicht nur eine Denk-Hilfe für's Begreifen und Merken; sie sind auch ein starkes Werkzeug (um nicht zu sagen, eine gefährliche Waffe), wenn es darum geht, andere Menschen beeinflussen zu wollen. Sei dies nun im positiven Sinne (Motivation) oder im negativen Sinne (Manipulation, Propaganda). Deshalb lohnt es sich, hierüber einmal nachzudenken.

Formelhafte Vorsatzbildung

Falls Sie sich per formelhafter Vorsatzbildung selbst auf Erfolg programmieren wollen, beachten Sie bitte: Das rechte Hirn kennt keine Verneinung; die wird vom linken Hirn begriffen. Sätze wie "ich rauche *nicht*" oder "ich habe *keinen* Hunger" bewirken genau das gegenteilige Bild in Ihrem Unterbewußtsein. Also programmieren Sie sich fälschlicherweise genau auf das, was Sie vermeiden wollten.

Vorprogrammierte Fehler bei der Delegation

Diese Erkenntnis ist auch wichtig, wenn Sie *delegieren*. Angenommen, Sie erklären Ihrer ganzen Abteilung: "Also, bei dem neuen Fotokopierer ist vieles wie beim alten, aber Sie dürfen nie den Regler für die Kopiengröße hier (deutend) drehen, während der Wagen noch rüberläuft. O.k.?" Hier wird man Ihnen ernsthaft zunicken; aber die Gefahr, daß morgen genau das passiert, ist ziemlich groß!

Motivation

Ist dies einer der Gründe, warum wir im Deutschen so furchtbar viele Verbote (Eintritt verboten) haben (müssen?). Anscheinend wird durch die negative Formulierung das Bild des Verbotenen heraufbeschworen und damit vielleicht auch der Impuls ausgelöst. Überlegen Sie einmal, welche Vorstellungen hier ausgelöst werden:

Negativ:	Positiv:
Rasen **nicht** betreten	Bitte Spazierwege benutzen
Unpünktlichkeit vermeiden	Bitte pünktlich sein
Nicht waschmaschinenfest	Nur mit der Hand waschen
Nichts vergeuden	Sparsam sein
Nicht zu lange reden	Fasse dich kurz!

Überlegen wir weiter:
• Wenn du deinen Spinat nicht ißt, darfst du später nicht fernsehen.
• Wenn du deinen Spinat ißt, dann darfst du nachher auch fernsehen.

• Wenn Sie Ihr Soll nicht schaffen, bekommen Sie natürlich keinen Bonus.
• Nur wer sein Soll übertrifft, hat Anrecht auf einen Bonus.

• Willst du nicht endlich weniger essen?
• Möchtest du nicht ein wenig abnehmen?

Sie sehen, worauf ich hinaus will: Wählen Sie positive Formulierungen!

Aufgaben

1. Notieren Sie bitte jetzt alle Anweisungen, Verbote u.ä., die Sie regelmäßig von sich geben (an Kinder, Partner, Mitarbeiter, Kollegen).

2. Sammeln Sie einmal vier Wochen lang solche Anweisungen in Ihrem Umkreis. In Firmen sollte man auch die Anweisungen überprüfen, die Kunden regelmäßig gegeben werden (z.B. bei Einweisungen am Gerät).

3. Überprüfen Sie auch schriftliche Anweisungen (Memos, Briefe an Kunden, Gebrauchsanleitungen). Oft wimmeln diese von negativen Formulierungen.

4. Fragen Sie sich, ob es sich für Sie lohnt, positive Formulierungen zu üben. Es ist nämlich auch eine Geisteshaltung; nicht nur "Grammatik"...

Es lohnt sich wirklich, wenn man -
• Zeit (Energien, Ärger) sparen und
• besser kommunizieren[7] möchte.

---

[7] Weitere Anregungen hierzu finden Sie in meinen Taschenbüchern: *Kommunikationstraining* und *Erfolgstraining*, beide mvg-Verlag.

Epilog

Die Gretchenfrage

Sie kennen die berühmte Gretchenfrage aus GOETHEs Faust: "Wie hältst Du's mit der Religion?" In unserem Zusammenhang lautet sie jedoch leicht abgewandelt: Wie hältst Du's mit der Gehirn-Gerechtigkeit? Inwieweit konnten Sie feststellen, daß auch Sie in der Vergangenheit eher ein Gehirn-*Besitzer* als ein Gehirn-*Benutzer* waren? Und: Sind Sie bereit, in Zukunft (noch) gehirn-gerechter vorzugehen? Das bedeutet nicht nur, daß Sie leichter lernen können, denn ein gutes Gedächtnis ist eher ein Neben-Produkt gehirn-gerechten Vorgehens; sondern das bedeutet für Sie konkret:

Vorteil Nr. 1: Sie verstehen besser, wenn Sie hören/lesen. Und Sie merken sofort, wenn der Sender etwas zu sagen/schreiben vergaß oder sich unklar ausdrückt. Also können Sie im Gespräch rückfragen bzw. entscheiden, ob Sie weiterlesen wollen.

Vorteil Nr. 2: Sie sprechen/schreiben klarer, weil Sie klare Bilder vor Ihrem geistigen Auge sehen; also sind "wischi-waschi" Aussagen nicht mehr möglich. Desweiteren kommt es selten vor, daß man wichtige Informationen einfach vergißt, wenn man ganzhirnig denkt. Gehirn–Benutzer sind effizienter, ob sie informieren, delegieren, verhandeln oder motivieren wollen!

Vorteil Nr. 3: Sie denken besser! Wer regelmäßig Probleme lösen und/oder Entscheidungen treffen muß, wird effizienter und weit kreativer vorgehen, wenn er mit dem ganzen Hirn an die Sache herangeht!

Vorteil Nr. 4: Sie nutzen Ihr Unterbewußtsein bewußt! Paradoxerweise arbeitet auch bei ausgeprägten Linkshirnlern das rechte Hirn "mehr" als das linke, aber eben unbewußt. Einige dieser Prozesse selbst "anzapfen" und/oder steuern zu können, bringt erhebliche Vorteile für diesen Gehirn-Benutzer.

Zum letzten Punkt möchte ich noch etwas hinzufügen: Wie in Kap.5 gezeigt, ist Ihr Unbewußtes extrem clever. Es nimmt vieles wahr, was am Zensor unseres bewußten Denkens vorbeigeschlüpft war. Es merkt sich Dinge, die "ins Wasser gefallen" waren (vgl. Kap. 2 und 5) und es sortiert neue Daten ins Wissens-Netz. Außerdem stellt es Verknüpfungen und Verbindungen her, auch neue Variationen (sprich: originelle und kreative), wenn wir die stummen Signale des rechten Hirns wahrnehmen und befolgen lernen. Auch hat Ihr Unbewußtes in der Vergangenheit Ihre "Bilder gemacht", sonst hätten Sie ja nichts begreifen können. Sie sollten diesen Prozess jedoch in Zukunft bewußt wahrnehmen und/oder steuern! Und, natürlich wohnt der Künstler in unserem Unbewußten (s. Kap. 6).

Para-normale Fähigkeiten

Noch ein Aspekt, den ich bisher nicht erwähnt habe, ist interessant. Höchstwahrscheinlich "liegen" sogenannte para-normale Fähigkeiten (Telepathie, Telekinese, das "zweite Gesicht" u.a.) ebenfalls im rechten Hirn. Falls Sie sich also für Para-Psychologie interessieren, könnte dieser Hinweis wichtig sein. Ich habe jedenfalls seit Jahrzehnten in manchen Seminaren (abends, auf freiwilliger Basis) Telepathie-Übungen eingesetzt und immer wieder festgestellt, daß der typische rationale Linkshirnler am meisten Probleme dabei hat...

Aber zurück zu den Fähigkeiten, die zwar über den "normalen" liegen, die aber deswegen noch lange nicht para-normal sind.

Lernen auf der META-Ebene?

Es ist eine relativ unbekannte Tatsache, daß man umso leichter lernt, je mehr man lernt. Dies klingt vor allem für den unglaubwürdig, der in den letzten Jahren (Jahrzehnten?) wenig aktiv gelernt hat! Aber es stimmt. Fragen Sie einen Erwachsenen, der noch regelmäßig lernt (falls Sie tatsächlich persönlich einen kennen)! Das hat damit zu tun, daß Informationen im Hirn zu Info-Bündeln, und diese zu mehrdimensionalen Info-Netzen verbunden werden. Diese unglaublich komplexe Daten-Struktur im Kopf bewirkt, daß man sozusagen auf einer höheren Ebene *den Lernprozeß als solchen* "begreift" und seine "Spielregeln" ableitet, wiewohl man diese (zumeist) bewußt überhaupt nicht in Worte fassen könnte. So wird Chinesisch als siebte Fremdsprache weit leichter sein als die erste (z.B. Englisch) es war, wiewohl Chinesisch (von einer indo-europäischen Sprache kommend) weit schwieriger ist. Fachsprachlich sagt man, daß jemand auf der META-Ebene gelernt habe, wie er eine Sprache "angehen" müsse. Sie kennen den Ausdruck (nach Gregory BATESON[1]) vielleicht aus der Kommunikation: Man geht davon aus, daß wir auf zwei Ebenen miteinander sprechen; der Inhalts-Ebene (eher linkshirnig) und der Beziehungs-Ebene (welche weitgehend vom rechten Hirn "gemanagt" wird), auf welcher wir mitteilen, *wie* wir etwas gemeint haben. Wenn wir hingegen über Kommunikation sprechen, wenn wir z.B. sagen, daß sie auf zwei Ebenen abläuft, dann befinden wir uns auf der META-Ebene. Sollten wir über diese sprechen wollen, wäre dies dann die META-META-Ebene u.s.w.[2]

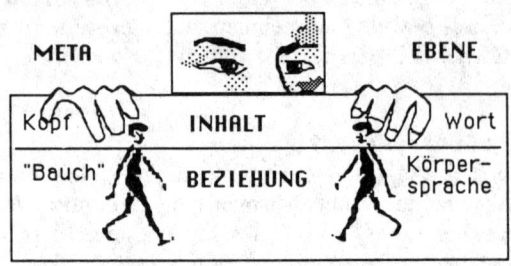

Nun ist es beim Lernen ähnlich: Wir lernen detaillierte Inhalte (links) und begreifen Zusammenhänge (rechts); aber auf einer übergeordneten Ebene lernen wir, *wie man lernt.*

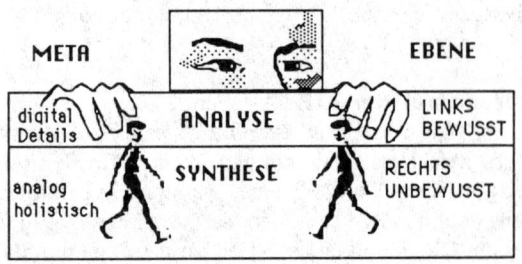

---

[1] Zwar meinen viele, der Ausdruck sei von Paul WATZLAWICK erfunden worden; Tatsache aber ist, daß WATZLAWICK Gregory BATESON (einen der größten Denker dieses Jahrhunderts!) des öfteren zitiert!

[2] Falls solche Gedankengänge Sie faszinieren, müssen Sie unbedingt BATESON (s. Lit.-Verz.) lesen!

Stellen Sie sich vor, jede Information, die Sie hören oder lesen, käme mit eingebauten *Angelhaken* (in alle Richtungen) auf Sie zugeflogen:

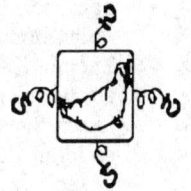

Wenn diese Info bei Ihnen ein Netz vorfindet (weil Sie Vor-Informationen besitzen), dann "hakt" sie sich sofort vollautomatisch dort ein. Ist kein Netz vorhanden, dann "fliegt" sie an Ihnen vorbei und dann sagen Sie: *Ja, ja, ich weiß, ich habe ein schlechtes Gedächtnis!* Falsch! Sie hatten nur noch kein Wissens-Netz für diese Art von Info! Je mehr man lernt, desto ausgebreiteter werden die Netze.

Aber viel zu lernen hat noch einen Vorteil: Es ist klar, daß jemand, der über ein Wissensgebiet (z.B. Teilchenphysik) bereits sehr viel weiß, eine neue Info hierzu sofort in sein Wissens-Netz einhängen (d.h. begreifen) und merken kann! Aber dies gilt auch für *verwandte* Informationen: So versteht und merkt sich jemand, der ein wenig von Biologie versteht, weit leichter eine neue "heiße" Information aus dem Bereich der Physik; aber es wird auch jemand, der von Mathematik etwas versteht, enorm schnell in Musiktheorie oder Sprachforschung (im Sinne CHOMSKYs) einsteigen können.[3] Wir brauchen solche Menschen mit "ausgebreiteten" Wissens-Netzen, die inter-disziplinär denken/forschen können, statt noch mehr Schmalspur-Spezialisten heranzuziehen!

Je mehr Informations-Netze (zu den unterschiedlichsten Wissensbereichen) Sie im Kopfe haben, desto leichter kann sich jede neue Information dort "festhaken"; desto leichter begreifen und lernen Sie also!

Viel Wissen heißt, viele Bilder haben!
Mein Vorschlag: Versuchen Sie, Ihr Allgemein-Wissen zu erweitern, falls Sie in der Vergangenheit eher fach-spezifisch (oder überhaupt zuwenig) gelernt haben. Dies ist sehr einfach; Sie brauchen gar nichts zu "lernen":

---

[3] Herman HESSE zeigt im Glasperlenspiel, wie das funktioniert...

Tips:

- Sehen Sie TV-Filme (und Berichte), bei denen entweder das Thema oder der Hintergrund Sie in Zeiten, Länder, Kulturen führt, die Ihnen noch ganz oder weitgehend unbekannt sind. Mit der Parallel-Technik (Kap. 7) können Sie gleichzeitig z.b. die Zeichen-Übungen aus dem Buch von Betty EDWARDS (s. Kap. 6) machen...
- Lesen Sie historische Romane und Bibliographien von Menschen aus anderen Zeiten/Kulturen.
- Lesen Sie intelligente SF (Science Fiction), z.B. Frank HERBERTs weltberühmten Roman *Dune*[4]: Hier hat der Autor einen ganzen Planeten "geschaffen", mit Öko-Struktur, Kultur, Politik etc., und er erläutert plausibel, wie eine Religion entsteht. Außerdem lernen Sie eine Menge über das Potential unserer geistigen Kapazitäten, auch der unbewußten. Und das Ganze ist in eine spannende Geschichte "verpackt".

Ob Sie nun mehr lesen oder bewußt fernsehen wollen; in beiden Fällen *lernen Sie Hunderttausende von Fakten, ohne bewußt zu lernen.* So lesen Sie vielleicht Taylor CALDWELLs brillanten Roman[5] über das Leben von CICERO. Dabei lernen Sie nicht nur ungemein viel über Rhetorik, Philosophie, Geschichte und politische Grundhaltungen (und wie es dazu kam, daß die Freunde von CAESAR, zu denen CICERO zählte, ihn erstachen), sondern Sie lernen quasi beiläufig auch, daß es damals bereits Taxis und Klatsch-Zeitungen im alten Rom gab. Und Sie lernen etwas über die soziale Stellung von Sklaven im alten Rom (ganz anders als später in Afrika oder noch später in den USA!) und vieles mehr!

Sie sehen, es sind nicht immer nur Sachbücher und "ernste" Artikel, die uns weiterbilden. Manche Führungskräfte in meinen Seminaren, die sich durch besonders auffällige Phantasielosigkeit auszeichnen, geben (sogar stolz!) zu, daß sie "sowas" nie lesen. Wen wundert's, daß sie oft intellektuell einen ziemlich begrenzten Horizont haben, aber, was noch schlimmer ist, auch emotionell!

Früher waren "gebildete" Menschen weit allgemeiner ge-BILD-et; deshalb hatten sie auch weit mehr *Bilder* sowie ausgebreitete Wissens-Netze im Kopf. Außerdem konnten sie aus Erfahrungen anderer mitschöpfen, denn sie lasen und diskutierten umfassend mit vielen Menschen. Heute wird zwar um Entscheidungen gerungen, aber echte Diskussionen über Gott und die

---

[4] deutsch: *Der Wüstenplanet*, s. Lit.-Verz. - wobei dies der erste Roman einer Serie ist; aber er ist m.E. mit Abstand der beste!

[5] *Eine Säule aus Erz* , s. Lit.-Verz.

Welt finden viel zu wenig statt. Komischerweise meinen die Menschen, dafür keine Zeit zu haben. Ich meine, es mangelt eher an Gesprächspartnern, denn in den Seminaren ergeben sich oft faszinierende Diskussionen, wenn der Stein erst mal ins Rollen kommt. Und dann stellen die Teilnehmer fest, daß solche Gespräche sehr wertvoll sind, und daß sie zu Hause kaum jemanden kennen, mit dem sie... Und das im Land der Dichter und Denker! Also - suchen Sie sich einen kleinen Diskussionskreis und wenn man nur einmal im Monat zwei, drei Stunden lang über den eigenen Tellerrand hinausschaut.[6]

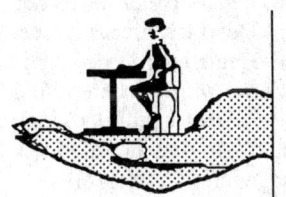

Und die Zukunft?

Wie wollen wir unsere Kinder auf die Zukunft vorbereiten? Indem wir sie weiter zwingen, möglichst viele isolierte Fakten zu büffeln, oder indem wir ihnen helfen, ihr Hirn ganz zu nutzen? Und wie können wir das, wenn bei uns zu Hause außer dem Einkaufszettel nichts geschrieben und außer dem Fernsehprogramm nicht viel gelesen wird? Ist uns denn nicht klar, daß der Mensch (nicht nur das Kind) das meiste durch Imitation lernt? So daß erwachsene Gehirn-Muffel zwangsläufig zu Vorbildern für Kinder werden! Und: Erwachsene Gehirn-Muffel beeinflussen sich auch gegenseitig!

Einige Autoren[7] haben wiederholt darauf hingewiesen, daß wir in eine neue Phase der Menschheits-Entwicklung eingetreten sind. Wie TOFFLER so schön aufzeigt, war die erste Welle die der Agrikultur; die zweite war die industrielle und die dritte ist die Kultur-Welle bzw. das sogenannte Informations-Zeitalter.

---

[6] Falls Sie festgestellt haben, daß dies in Ihren Kreisen sowieso regelmäßig stattfindet, dann wissen Sie sicher auch, daß Sie eine rühmliche Ausnahme darstellen.

[7] CAPRA, FERGUSON, GERKEN, NAISBITT, RUSSEL (Peter), SHELDRAKE, TOFFLER (s. Lit.-Verz.)

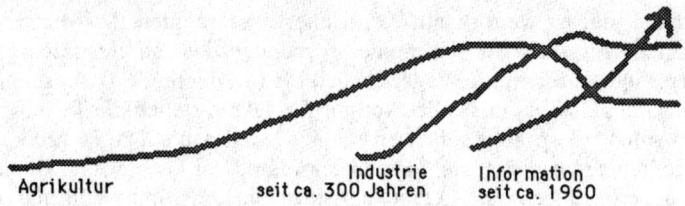

Agrikultur   Industrie   Information
            seit ca. 300 Jahren   seit ca. 1960

Die Erziehung der Kinder in der ersten Welle war einfach: Zuschauen, mitmachen, nachmachen. In der zweiten Phase erfanden wir Schulen, in denen
pünktliche, zuverlässige, sauber im Detail arbeitende Befehls-Empfänger
herangezogen wurden. Hier begann m.E. auch der große Bruch zwischen
dem, was Erwachsene sagen und dem, was sie tun! Denn früher, als Kinder
zu Hause lernten, da lernten sie das, was sie sahen. Heute aber lernen sie in
der Schule z.B., daß man lesen und sich interessieren *sollte*, während das
Elternhaus vielleicht ganz anders lebt! Da die Eltern aber ebenfalls in der
Schule gelernt haben, daß Lesen "gut" ist, erzählen sie dies den Kindern
weiter, ohne die Diskrepanz zwischen ihren Aussagen und ihrem Verhalten
überhaupt wahrzunehmen!

Und wie wird die Vorbereitung der Kinder auf die Zukunft aussehen? Sollte
man hierüber nicht wirklich einmal nachdenken? Wenn ja, dann könnten die
in Fußnote 7 (S. 151) erwähnten Autoren ein möglicher Anfang sein!

ANHANG TEIL 1:

MERKBLÄTTER

Es folgen einige Merkblätter, welche entweder einen Gedankengang aus dem Haupttext vertiefen oder zusätzliche Information für besonders wißbegierige Leser anbieten.

MERKBLATT NR. 1

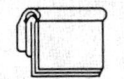

SOZIO-BIOLOGIE

Wie Sie wissen, besteht seit langen Jahren der Streit, ob wir mehr durch die Umwelt (Milieu) oder eher durch unsere Gene (unsere angeborenen Anlagen) geprägt werden. Die Verfechter der Milieu-Theorie (SKINNER) sagen, alles Verhalten sei anerzogen, der Mensch habe fast keine biologischen Programme. Andere Wissenschaftler (SZONDI) behaupten, alles Verhalten sei angeboren! Die Gene, sagen sie, bestimmten bis hin zur Partner- und Berufswahl *alles*, was wir tun und lassen. Diese Gen-These ist in den Siebziger Jahren von einem neuen Zweig der Wissenschaft, der Sozio-Biologie, wieder aufgegriffen worden.

Ich persönlich glaube zwar, daß viele unserer Anlagen angeboren sind. Aber ich meine, daß erst die Umwelteinflüsse sie zur Ausgestaltung bringen. Ein Mensch mit seinem angeborenen Sprach-*Potential* wird in einer Umwelt von Stummen erwiesenermaßen nicht sprechen lernen! Ein Kind mit normalen Augen wird in einer Umwelt von Blinden nicht differenziert sehen lernen! (Weil das Sehen-Lernen ein Interpretieren des Gesehenen beinhaltet; also würde ein Kind, das nur von Blinden umgeben ist, zu wenig Hilfestellung erhalten.)

Wie dem auch sei, sicher werden Sie zustimmen, daß viele Aspekte unseres täglichen Lebens durch Lernprozesse (mit-)geprägt wurden. Zum Beispiel muß ein männliches Kind von Kopfjägern bestimmte soziale Programme erlernen: *Töte deinen ersten Feind vor dem 13. Lebensjahr, schrumpfe seinen Kopf, und hänge ihn dir an den Gürtel, damit wir dich in unsere Gemeinschaft als Mann aufnehmen!* Das Kind in einer judäisch-christlich geprägten Umgebung hingegen lernt: *Du darfst nicht töten: (Außer, die Regierung steckt dich in eine Uniform...)* Das Kind eines Papua mag im *Spurenlesen* Spitze sein, ein balinesisches Kind mag Nuancen des *traditionellen Tempeltanzes* nachahmen, die wir kaum wahrnehmen können. Ein japanisches Kind wird Feinheiten von *Körperhaltung* und *Tonfall* aktiv einsetzen, die für unsere ungeschulte Wahrnehmung gar "nicht vorhanden" sind, u.s.w.

Wie Sie sehen, spricht doch einiges dafür, daß die Umwelt uns maßgeblich (mit-)prägt, oder? Und doch spricht *auch* einiges dafür, daß unsere Gene unser Denken und Handeln weit mehr mitbestimmen, als man glauben könnte. So hat SZONDI z.B. schon vor Jahrzehnten behauptet, rezessive Gene würden einander suchen: Gene, die vom "Aussterben" bedroht sind, sorgen dafür, daß der Mensch, zu dem sie gehören, einen Partner sucht, der das gleiche rezessive Gen hat (z.B. für Epilepsie), so daß dieses Paar dann ein Kind bekommt, bei dem die beiden rezessiven Gene sich wieder durchsetzen können. Wer hierüber mehr wissen will, sollte SZONDI selbst lesen (s. Literatur-Verzeichnis).

MERKBLATT NR. 2

Etwas LERNPSYCHOLOGIE

Die Lernpsychologie unterscheidet zwischen drei Arten des Lernens:
1. Klassische Konditionierung (PAWLOW).
2. Operante Konditionierung (SKINNER) und
3. Lernen durch Einsicht (nach KÖHLER und BÜHLER[1]).

1. KLASSISCHE KONDITIONIERUNG

Hierbei handelt es sich um eine Art von Lernen, wie sie der russische Forscher PAWLOW demonstrierte, als er sein inzwischen weltweit bekanntes Experiment machte: Sie wissen, daß Eßbares uns das Wasser im Munde zusammenlaufen läßt. Tatsache ist, daß außer dem Speichel auch andere "Säfte" (z.B. der Bauchspeicheldrüse) abgesondert werden. Dies hat PAWLOW an Hunden getestet. Immer wenn er dem Hund Fleisch gab, ließ er eine Glocke ertönen. Somit verband er den Reiz *Fleisch* mit *Glocke,* und bald sonderte der Hund auch dann Speichel (u.a. Sekrete) ab, wenn nur die Glocke ertönte. Man spricht hier vom **bedingten Reiz** (Glocke), der eine **bedingte Reaktion** (Absonderung von Sekreten) hervorruft. Im Gegensatz zur **unbedingten Reaktion**, die nicht bedingt (also ohne Lernprozeß) erfolgen muß, z.B. dann, wenn ich mit einer Lampe in Ihr Auge

---

[1] Von Karl BÜHLER stammt der Ausdruck *Aha-Erlebnis.*

leuchte und die Pupille sich zusammenzieht. Dies ist eine **unbedingte (biologisch vorprogrammierte) Reaktion.**

Viele Lernprozesse bei Säuglingen und Kleinkindern entsprechen der klassischen Konditionierung: Zum Beispiel: Jedesmal wenn das Kind Hunger hat und schreit, kommt die Mutter und stillt den Hunger. Bald löst der Anblick der Mutter alleine bereits **Wohlgefühl** aus, als **bedingte Reaktion!** Ähnlich, aber negativ, kann eine klassische Konditionierung in der Schule aussehen: Immer wenn das Kind beim Rechnen einen Fehler macht, wird es geschimpft oder vor den anderen lächerlich gemacht. Bald löst alles, was mit Rechnen zu tun hat, als **bedingte Reaktion** die **Frustrationsgefühle** aus!

2. OPERANTE KONDITIONIERUNG

Der Verhaltensforscher SKINNER ist einer der glühendsten Verfechter der These, daß alles Verhalten nur durch Umwelteinflüsse gelernt wird. Berühmt wurde er durch sein Ratten-Experiment, in dem die Ratte zwischen zwei Hebeln wählen muß, um Futter zu erhalten. Da das Tier hier (im Gegensatz zur klassischen Konditionierung) etwas *tun* muß (lateinisch: *operare*), nennt man diese Art des Lernens operante Konditionierung. Sie entspricht der *Versuch- und Irrtum-Methode* und setzt bereits eine gewisse Intelligenz voraus, aber auch primitive Organismen ohne Gehirn können durch Paarung zweier Reize (z.B. Lichtblitz plus elektrischer Schlag) konditioniert werden.[2]

Die Situation des operanten Konditionierungs-Versuches kann am besten durch den alten Labor-Treppenwitz verdeutlicht werden, in dem die Ratte einer neu hinzugekommenen erzählt: *Wir haben den Mann im weißen Kittel ausgezeichnet dressiert: Jedesmal, wenn wir den linken Hebel drücken, muß er uns Futter geben.* Sicher ist Ihnen klar, daß ein Großteil dessen, was Sie je gelernt haben (insbesondere Handlungen wie Rad- und Autofahren) auf dieser Lernweise beruht. Aber, es gibt noch einen dritten Ansatz, nämlich...

3. LERNEN DURCH EINSICHT

KÖHLER wies in einer Reihe von Versuchen mit Affen nach, daß diese sehr wohl zu "Einsicht" imstande seien, d.h. zu einer logisch korrekten Schlußfolgerung. In einem Experiment lag außerhalb des Käfigs eine Banane und innerhalb lagen zwei Stäbe, von denen jeder zu kurz war, um die Banane zu angeln. Aber man konnte sie zusammen-

---

[2] Überhaupt sollte man höchst vorsichtig sein, wenn man primitiven Organismen jede Intelligenz abspricht, seit man festgestellt hat, daß sogar Elementar-Teilchen "Entscheidungen" zu treffen scheinen, indem sie z.B. ihren Spin (= ihre Drehung) ändern, wenn der Spin ihres "Zwillings" geändert wurde...

stecken, was ein älterer Affe, der die fruchtlosen "Angel-Versuche" der anderen beobachtet hatte, plötzlich "kapierte". Wie ein Lichtblitz war das Wissen da. Er sprang auf,
schob die anderen weg, steckte die Stäbe zusammen und holte sich die Frucht. Dieses
plötzliche *Aha!* nannte Kurt BÜHLER später Aha-Erlebnis.

Dies ist   die vornehmste Art zu Lernen. Jedes *Aha!* ist ein Begreifen mit
beiden Hirnhälften, also gehirn-gerecht! So kann man einem kleinen Kind hundert Mal
sagen, es solle nicht auf die Straße laufen. Erst wenn es den Zusammenhang das erste
Mal wirklich *begriffen* hat, besteht die Chance, daß es das geforderte Verhalten lernen
kann! Lernen durch Einsicht ist der schnellste Weg; er ist genau so effizient, wie der
Königsweg (s. Kap. 2) ins Gedächtnis, nämlich das automatische Lernen von Informationen, die das Überleben absichern oder die interessant sind. Aber: Lernen durch Einsicht schafft *Wissen*; nicht Können! Falls eine neue Einsicht auch *Verhalten* verändern
soll, dürfen wir nicht damit rechnen, daß das Wissen allein bereits das neue Tun garantiert! Dies gilt für eine plötzliche neue Einsicht genauso, wie für eine langsam ge-
wachsene. Millionen Menschen rauchen weiter, wiewohl sie inzwischen die Einsicht
gewonnen haben, daß Rauchen schädlich ist! Dasselbe gilt für Sicherheitsgurte im Auto
und tausend andere Situationen.

Wie funktioniert   das typische Schul-Lernen?
Das Lernen in der Schule basiert maßgeblich auf Versuchen von EBBINGHAUS. Dieser
hat vor über 100 Jahren gezeigt, wie man optimal lernt und zwar *Unsinn-Silben* (ähnlich
dem sturen Pauken von Vokabeln, zu denen man noch keine Vorkenntnisse hat). Sein
Gedankengang: Wenn ein Schüler das lateinische Wort *tabula* kennt, wird er das eng-
lische *table* wesentlich leichter lernen als ein Schüler ohne Kenntnisse einer romanischen
Sprache. Um wissenschaftlich exakt feststellen zu können, wie man lernt, müssen wir
Material nehmen, zu dem keine der Versuchspersonen Assoziationen aus der Vergangenheit besitzt. Daher verfiel er auf Unsinn-Worte (wie *puk, flam, bif* etc.). Nach tausenden
von Versuchen "wußte man Bescheid"! Daraus resultieren die *Lern- und Vergessens-
kurven*, die man auch heute noch verwendet. Der gute EBBINGHAUS und seine Anhän-
ger übersahen allerdings, daß unser Gehirn ein *Lernorgan par excellence* ist - aber für
Nützliches, also für Informationen, die entweder das Überleben absichern oder uns zumindest interessieren.

MERKBLATT NR. 3

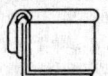

Mentalität:
West (links) und Ost (rechts)

Der Engländer (und spätere Wahl-Amerikaner) Alan W. WATTS gilt als einer der besten Kenner der Philosophie des Zen-Buddhismus. In seinem Buch *The Way of Zen* [3] sagt er in etwa: *Der westliche Mensch gleicht in seiner Suche, das Universum zu erkennen und zu begreifen, einem Wissenschaftler, der in einem gigantischen Dom (der das Universum darstellt) mit einer Taschenlampe einzelne Details untersucht und so, über Hunderte von Generationen hinweg, sich ein Bild zu machen versucht. Sein fernöstlicher Kollege hingegen macht oben, an der Decke des Doms, eine Lampe an. Zwar sieht er keine klaren Details, aber er bekommt eine Ahnung der Gesamt-Struktur!* Und WATTS fügt hinzu: Wir brauchen beide Arten von Forschen und Vorgehen; nicht nur die eine oder die andere. Keine ist "besser", beide ergänzen sich, wie Yin und Yang!

MERKBLATT NR. 4

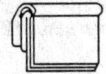

Sprache als Instrument des Denkens[4]

Je klarer die Bilder, die Sie (bald) vor Ihrem geistigen Auge sehen (werden), desto interessanter wird es, einmal bewußt über unsere Sprache nachzudenken. Lassen Sie mich versuchen, Ihnen etwas "Appetit" zu machen:

1. Ich habe mich doch ganz klar ausgedrückt!!
Wiewohl wir in der Regel davon ausgehen, wir hätten "alles" gesagt (also 100% einer Information gesendet), ist dies natürlich nicht möglich. Der Satz "Mein neues Wohnmobil

---

[3] meines Wissens noch nicht ins Deutsche übersetzt

[4] Vgl. Sie bitte auch meine gleichnamige Tonkassette (DM 19.80), Verlag: mvg, Buchhandel

hat einen Computer-Arbeitsplatz" setzt voraus, daß Sie wissen, was ein "Wohnmobil", was ein "Computer" etc., ist. Bei abstrakten Begriffen ist die Gefahr, daß Sie eine andere Vorstellung mit "Demokratie", "Gerechtigkeit" etc., verbinden, noch größer. Aber selbst wenn es sich um eine höchst einfache Situation handelt, kann es sein, daß wir nur 10 bis 20% der Botschaft senden (und begreifen werden, *wenn* dem anderen die Situation vertraut ist), wie das folgende Beispiel zeigt.

So sitzen Sie z.B. zu fünft in einem Restaurant und warten bei angenehmer Unterhaltung auf das Essen. Der Ober kommt. **Schwein?** Einer von Ihnen sagt prompt: **Das bin ich.** (Ist er das wirklich?) Dann fragt der Ober: "Wiener Schnitzel?", und Sie sagen: "Das hatte ich." Natürlich hatten Sie es noch nicht; Sie sollen es ja gerade bekommen! Gemeint war natürlich: "Das hatte ich bestellt", nicht wahr?

Bitte denken Sie nicht, ich sei jetzt albern oder besonders kleinlich. Denn, das Schlüsselwort war, daß der Gesprächspartner mit der Situation (wie im Restaurant) "vertraut" ist. Wenn Sie jedoch **firmeninterne Kürzel** verwenden (von Fachausdrücken Ihrer Branche oder Ihres Spezialgebietes ganz abgesehen), glauben Sie wirklich, das sei gehirn-gerecht? In anderen Worten, kann sich der Kunde bei so einer Stümmel-Botschaft ein klares Bild machen?

2. Was bedeutet ein Wort eigentlich?
Wir hatten das Wort "Vor-Stellung" ja bereits "wörtlich" genommen; es ist relativ harmlos. Und wir haben die "Enttäuschung" erwähnt. (Wenn "Ent-Bindung" bedeutet: "die Bindung hört auf", dann bedeutet analog dazu "Ent-Täuschung": Die Täuschung hört auf.)

Wenn Sie sich einmal bewußt den Wörtern zuwenden, die wir verwenden, und versuchen, die "Bilder" zu sehen, die viele Wörter quasi eingebaut haben, dann erreichen Sie damit zweierlei:
a) Sie üben sich im Bilder-Machen (sowieso Teil Ihres Trainings), und
b) Sie lernen, sich auch mit Worten allein, gehirn-gerecht auszudrücken.

Dies ist besonders für Menschen wichtig, die viel *telefonieren*. Da kann man ja, bis jeder Bild-Telefon oder Telefax hat, leider noch keine Bilder zeichnen/zeigen.

3. Inwieweit beeinflußt die Grammatik das Denken?
B.L. WHORF (s. Lit.-Verz.) weist darauf hin, daß alle indo-europäischen Sprachen ein *Subjekt* und ein *Prädikat* fordern. Daraus ergibt sich, daß wir den Satz "Der Baum spendet Schatten" als "korrekt" (richtig) empfinden, wiewohl er die Wirklichkeit überhaupt nicht beschreibt! Wir machen den Baum zum Täter, der er gar nicht ist. Ein Japaner könnte einfach sagen: "Des Baumes Schatten", und der Satz wäre komplett.

Desweiteren haben indo-europäische Sprachen eine starke Neigung, die Welt um uns herum nicht zu beschreiben, sondern zu ver-*Ding*-lichen. So sagen wir z.B. Faust, Blitz, Puls, Welle (als Hauptwörter), als ob sie Dinge wären. Dabei übersehen wir natürlich völlig, daß wir hier einen pulsierend-dynamischen Aspekt "festgeschrieben" haben. Vielleicht ist das der Grund für die materialistische Grundeinstellung im Westen sowie für die Tatsache, daß wir unsere Umwelt als "tote Sache" betrachten; ganz im Gegensatz zu bestimmten Völkern (die wir alle ausrotten, so schnell es geht), welche die Natur als lebenden pulsierenden, atmenden Prozess betrachten? Darüber könnte man schon einmal nachdenken...

4. Gibt es alles, wofür wir Worte haben?

W. SCHNEIDER (s. Lit.-Verz.) weist darauf hin, daß unsere Sprache die Wirklichkeit nicht so sehr beschreibt, als sie vielmehr in kleine Stücke zerhackt, die wir dann gerne mit der Realität verwechseln. So führt er als Beispiel an: "Glauben Sie, daß die Natur **Unkraut** und **Ungeziefer** geschaffen hat?" Wenn wir einen Schritt weitergehen, könnten wir uns auch fragen, ob so etwas wie "Gerechtigkeit" überhaupt "vorgesehen" war? Wenn wir nämlich begreifen, daß dies ein von Menschen geschaffenes Ideal ist, dann sind wir vielleicht nicht mehr so enttäuscht (s. oben), wenn eine Situation uns mal nicht "gerecht" vorkommt. Dies könnte zu größerem Gleich**mut** (nicht mit Gleich-gültigkeit zu verwechseln!) führen, der uns auch Negatives gelassener (und mit weniger Streß) erleben "machen" könnte...

Wenn Sie mehr über Sprache wissen wollen: Zwei Bücher, die hervorragend geeignet sind:
a) Wolf **SCHNEIDER** : Wörter machen Leute, und
b) Benjamin Lee **WHORF** : Sprache, Denken, Wirklichkeit
Beide sind im Lit.-Verz. aufgeführt.

MERKBLATT NR. 5[5]

Ein wenig Gehirn-Forschung[6]
(Hintergrund-Info)

Einerseits hat die Gehirnforschung... unerhörte Ergebnisse gebracht: Langsam fangen wir an zu verstehen, in welche einzelnen "Organe" das Gehirn unterteilt werden muß (Neuro-anatomie), wie Zellen kommunizieren (Neurophysiologie), welche Prozesse innerhalb von Zellen ablaufen (Neurochemie). Andererseits meint... der eminente Gehirnforscher ECCLES[7], es werde sicher noch Hunderte von Jahren dauern, bis das Gehirn sich weitgehend selber verstehen könne! Interessanterweise wächst das Nicht-Wissen schnel-ler als das Wissen: Je mehr man herausfindet, desto mehr begreift man, was man alles noch nicht erfassen kann. Deswegen werden neue Wissenszweige geschaffen, die langfristig Klarheit bringen sollen: z.B. molekulare Neurobiologie, Neurogenetik, Neuro-pharmakologie, Neurokommunikation und Neuromathematik.

---

[5] Alle zitierten Werke werden in Fußnoten angegeben, damit diese Arbeiten nicht im großen Lit.-Verz. (Ende Anhang) "verschwinden".

[6]Dieses Merkblatt enthält Auszüge aus meinem Artikel *Gehirn und Gedächtnis*, in der Enzyklopädie Naturwissenschaft und Technik, Jahresband 1983, moderne industrie, Landsberg, S. 151-154.

[7]ECCLES, J.C.: *The understanding of the brain*, New York, 1973, (dt.: Das Gehirn des Menschen, erw. Ausg., München, 1975)

Wenn aber eine Wissenschaft sich immer mehr in Einzeldisziplinen aufteilt, dann suchen immer mehr hochspezialisierte Fachleute nach Antworten zu Fragen, die sich der "Normalmensch" überhaupt nicht stellt. Da jedoch die Funktionsweise des Gehirns jeden Gehirn-Benutzer angeht, sollte er nicht damit zufrieden sein, daß Elfenbeinturm-Bewohner sich unter Ausschluß der Öffentlichkeit damit befassen! Die folgende Arbeit wird einige Aspekte der großartigen Detektivarbeit des letzten Jahrhunderts aufzeigen...

Wenn wir "Gedächtnis" sagen, meinen wir den Mechanismus oder Prozeß, mittels dessen Informationen, die einmal wahrgenommen wurden, "festgehalten" werden, so daß man sie später wieder abrufen kann. Wiewohl es nicht Ziel dieser Arbeit sein kann, philosophische Grundfragen anzuschneiden, sollte man jedoch bedenken, daß erst Gedächtnis uns zu "Menschen" macht; daß also bessere Gedächtnistechniken große Auswirkungen auf unsere Intelligenz, Kreativität und unser Mensch-Sein schlechthin haben müssen. Falls man nämlich Ihr Gedächtnis in einen anderen Menschen transportieren könnte, *wo* wären *Sie* dann? Oder, wie ROSE es ausdrückt:" Gäbe es ein Individuum... welches exakt... meine Erfahrungen und Erinnerungen besäße, dann wäre es ich selbst... (denn:) Gedächtnis-Inhalte ergeben die... wichtigsten Charakteristika eines Individuums."[8]

Spurensuche im Gehirn

Wenn die Justiz einen Täter sucht, so will sie ihn daran hindern, ähnliche Taten in Zukunft zu wiederholen. Sollten die Wissenschaftler hingegen die "Täter" finden, die "Gedächtnis machen", so könnte man ihnen helfen, in Zukunft noch effizienter zu arbeiten. Erste Schritte sieht man in der Spurensicherung, wobei der Gehirnforscher von physiologischen Spuren ausgeht, welche die "Täter" hinterlassen.

Das Engramm

1904 prägte der Zoologe SEMON[9] das Wort "Engramm" (= das Eingegrabene), weil er davon ausging, jeder Gedächtnis-Inhalt müsse eine physiologische Spur im Gehirn "eingraben". Später versuchte LASHLEY[10], diese Engramme empirisch nachzuweisen. Er trainierte Tiere, d.h. er schuf neue Gedächtnis-Inhalte bei ihnen. Nach erfolgreichem Training begann er, deren Kortex (Großhirnrinde) systematisch abzutragen. Seiner Erwartung nach mußte sich jedes Engramm in einem ganz bestimmten Stück Zellgewebe befinden. Durch Wegnahme eben dieses Zellgewebes hätte man dann auch das Engramm, und somit die Erinnerung, weggenommen. Tatsache aber war, daß keines der Versuchstiere seine Erinnerungen verlor, selbst wenn bis zu 50% des Kortex abgetragen wurden! Zwar schien die Erinnerung nun schwacher und diffuser zu sein, aber sie blieb erhalten. Dies sprach gegen LASHLEYs Hypothese eines spezifischen Gedächtnisses und veranlaßte ihn, 1950, seinen berühmten, halb scherzhaften Satz zu prägen: "Man könnte... den Schluß ziehen, daß Lernen überhaupt unmöglich ist!" Während also LASHLEY seine eigene Theorie widerlegte, bewies (ungefähr zur gleichen Zeit) ein anderer Forscher sie! PENFIELD[11] stellte bei Gehirnoperationen (an wachen Patienten) fest: Wenn man mit einer Elektrode bestimmte Stellen des Hirngewebes (im Kortex) stimulierte, dann ergab

---

[8]ROSE, S.: *The conscious brain*, London, 1981, S. 231

[9]Zitiert von LAUSCH, E: *Manipulation: Der Griff nach dem Gehirn* (Methoden, Resultate, Konsequenzen der Gehirnforschung), Reinbek b.Hamburg, 1980

[10]LASHLEY, K.S.: *In Search of the Engramm* in: Symp. soc. exp. biol., 1950, 4 (454-82).

[11]PENFIELD, W.: *Memory Mechanisms* in Ama arch. neurol. Psychiatr., 1952, 67 (178-98).

sich eine spezifische Erinnerung, z.B. an ein Lied, einen Geruch, ein Gespräch, eine Party-Situation etc. Stimulierte man dieselbe Stelle wieder, so tauchte wieder dieselbe Erinnerung auf! Jahrelang verursachte das LASHLEY-PENFIELD-Paradoxon große Schwierigkeiten. Schien es doch zwei entgegengesetzte Aussagen gleichzeitig zu bestätigen: 1. Gedächtnis ist unspezifisch (LASHLEY) und 2. Gedächtnis ist spezifisch (PENFIELD). Wir werden später noch einmal auf das Paradoxon zurückkommen.

Nun stellte ECCLES [12] die These auf, Gedächtnis bestünde aus elektrischen Schwingungskreisen. Dieser Denkansatz wurde zwar durch einige Versuche so gut wie nachgewiesen, später aber durch GLEES [13] vernichtet: Er unterkühlte nämlich die Gehirne von trainierten Affen bis zu 45 Minuten lang (auf 18-19 Grad C), so daß jede elektrische Tätigkeit im Gehirn zum Erliegen kam. Trotzdem hatten die Affen anschließend ihr Wissen nicht verloren. Auch hier ein Paradoxon: Wird nun Gedächtnis durch elektrische Schwingungen "gemacht" oder nicht?

Ein anderer Denkansatz stammt aus der Neurobiochemie. Schon 1952 hatten Untersuchungen gezeigt [14], daß die Gehirne von Kaninchen, welche in den ersten zehn Lebenswochen sehen durften, wesentlich mehr RNS (Ribonukleinsäure) aufwiesen als die Gehirne von Kaninchen, die im Dunkeln gehalten wurden. Da Gesehenes ja später wiedererkannt wird, schien zwischen Gedächtnis und vermehrter RNS ein unmittelbarer Zusammenhang zu bestehen. Diese These wurde erhärtet, als HYDEN [15] Anfang der sechziger Jahre folgendes Experiment machte: Er lehrte Ratten ein (im 45-Grad–Winkel ansteigendes) Seil hinaufzulaufen, um Futter zu erhalten. Vergleiche mit Kontrolltieren, die nicht seiltanzen konnten, ergaben eine beträchtliche Vermehrung der RNS in den Gehirnen der trainierten Tiere!

Etwa gleichzeitig (1962) begann McCONNELL [16] seine berühmt–berüchtigten Versuche mit Sandwürmern (Planaria): Eine Gruppe wurde trainiert, auf einen Lichtblitz zu reagieren, indem sie sich zusammenzogen. Die "wissenden" Würmer wurden dann "geschlachtet" und an Artgenossen verfüttert, die alsbald dieses Wissen besaßen. Also hatten letztere sich das Wissen durch Kannibalismus einverleibt? Die Versuche wurden nicht wegen der Schlagzeilen in der Laienpresse (Schüler werden ihre Lehrer bald essen!) berüchtigt, sondern weil andere Forscher sie *zunächst* nicht wiederholen konnten! (Inzwischen hat man festgestellt, daß auch andere Forscher zu denselben Ergebnissen kamen, wenn die Versuchsanordnung wirklich genau der von McCONNELL entsprach.) Inzwischen ist die biochemische Forschung des Gedächtnisses beträchtlich weiter gekommen: McCONNELL stellte nämlich bald fest, daß ein Extrahieren der RNS möglich war. Bald wurde nur noch die RNS (per Injektion) verabreicht – mit denselben phantastischen Ergebnissen! Es sah also ganz so aus, als sei die RNS der "Täter". Als Beweis könnten z.B. die Experimente von JACOBSEN [17] gelten, der durch RNS-Übertragung

---

[12]Zitiert von LAUSCH, op. cit.

[13]Zitiert von LAUSCH, op. cit.

[14]Zitiert von LAUSCH, op. cit.

[15]HYDEN, H.: *Activation of Nuclear RNA an Glia in Learning in KIMBLE* (Hrsg.): Anatomy of memory, Palo Alto, Calif, 1965

[16]Zitiert von ROSE, op.cit.

[17]Zitiert von LAUSCH,op.cit.

Wissen (Gedächtnis-Inhalte) sogar von Hamstern auf Ratten übertrug! Wenn dies bei Säugetieren funktionierte, sollte es dann beim Menschen grundsätzlich anders sein?

Nun versuchen Wissenschaftler oft durch einen Gegen–Versuch Sicherheit zu erlangen. Man wußte, daß Eiweißbildung für diese Prozesse unerläßlich war und man wußte, daß das Antibiotikum Puromycin Eiweißbildung verhinderte. Also testete AGRANOFF[18], ob Lernen durch das Spritzen von Puromycin *verhindert* werden könnte. Die Ergebnisse waren eine direkte Bestätigung: Puromycin *vor* oder *unmittelbar nach* dem Training hatte keine Wirkung auf das momentane Lernen (Kurz-Zeit-Gedächtnis), verhinderte jedoch die Bildung von Erinnerung (Lang-Zeit-Gedächtnis)! Puromycin *eine Stunde nach* erfolgtem Training tat der Erinnerung (im LZG) keinen Abbruch. Also wußte man, daß man auf dem richtigen Wege war. Daher leuchtet auch ein, was UNGAR et. al[19] gelingen konnte: Er trainierte Ratten, entgegen ihrer natürlichen Vorliebe, Dunkelheit zu meiden. (Durch Elektroschocks im Dunkeln wurden die Tiere veranlaßt, sich ins Helle zu retten.) Diese Dunkelangst transferierte er (per Injektion) auf untrainierte Ratten! Dabei stellte er fest, daß die Dunkelangst nicht in der RNS "saß", sondern in einem Peptid, einem Eiweißstoff. (Wenn mehr als 100 Aminosäuren in der Kette zusammenhängen, spricht man von Eiweiß, bei weniger von Peptiden.) Dieses Peptid bestand nur aus 15 Aminosäuren! UNGAR nannte es Skotophobin (Dunkelangst–Macher). Später war sein Kollege PARR sogar in der Lage, Skotophobin synthetisch herzustellen, was in der Laienpresse zu Schlagzeilen (durch Pillen Lernen?) führte! Aber soweit sind wir noch lange nicht! 1983 begann man, ein zweites Peptid zu suchen, indem man Goldfische trainiert, grünes Licht zu mögen (während sie normalerweise rotes Licht vorziehen). LAUSCH[20] schlägt vor, dieses Peptid Chlorophilin zu nennen. Wir sehen also, daß die Neurobiochemie zunächst die RNS, später aber Peptide für die "Täter" hielt. Heute herrscht die Meinung vor, daß erst RNS vorhanden sein müsse, welche dann die Peptide herstellt. Alle bisherigen Erläuterungen bezogen sich auf die Spurensuche nach einem "Täter" bzw. dem Engramm im Gehirn.

Erinnert sich das Seepferdchen?

Erste Engrammsuche fand im Kortex statt, das heißt, in der Rinde des neuesten Gehirnteils, des Großhirns. Tierversuche in der Biochemie arbeiteten jedoch auch mit Tieren, die keinen (Würmer) oder nur einen kleinen Kortex (Kaninchen) besitzen. Also kann Gedächtnis nicht mit der Großhirnrinde verbunden sein. Unterhalb des Kortex befindet sich das Limbische System, welches den Thalamus wie ein Reifen umschließt. Das größte "Organ" innerhalb dieses L.S. ist das "Seepferdchen" (der Hippocampus). Inzwischen weiß man, daß dieser mit der Fähigkeit, Informationen ins Lang-Zeit-Gedächtnis (LZG) zu transferieren, unmittelbar zu tun hat. Erste Hinweise ergaben sich bei Patienten, denen man den Hippocampus entfernt hatte: Sie waren unfähig, irgend eine neue Information in ihr LZG zu transportieren. Aber ihr Kurz-Zeit-Gedächtnis (KZG) war intakt, sonst hätten sie Fragen, die man ihnen stellte, vergessen, ehe sie diese beantworten konnten (Korsakoff–Syndrom)! Einer dieser Patienten erfuhr täglich "aufs neue", daß sein Onkel gestor-

[18]AGRANOFF, B.W.: *Agents that block Memory* in Quarton, Melnechuck & Schmitt (Hrsg.): The neuro sciences, New York 1967 (756–64)

[19]UNGAR, G. & IRWIN, L.N.: *Transfer of Acquired Information by Brain Extracts* in Nature, 1967, 214 (453–61)

[20]LAUSCH, E., op.cit.

ben war, ein anderer befand sich schon seit 15 Jahren in der Klinik, meinte aber täglich, gerade erst angekommen zu sein!

Neuerdings erhärtet sich der Verdacht, daß der Hippocampus auch mit Zeit und Raum zu tun hat: Wenn Sie den Satzteil "... als Hans Liese schlug" mit dem Satzteil "... als Liese Hans schlug" vergleichen, so werden Sie feststellen, daß die Reihenfolge (also die Anordnung entlang einer zeitlichen Koordinate) von großer Wichtigkeit für das Verständnis ist. Oder, wenn Sie statt bei der ersten Straße LINKS und der zweiten Straße RECHTS abbiegen, bei der ersten Straße RECHTS und bei der zweiten Straße LINKS gehen – dann erreichen Sie nicht denselben Ort! Aber für unsere Fragestellung nach dem Gedächtnis ist hauptsächlich die Frage wichtig, ob es ohne Hippocampus eine Langzeit-Speicherung geben kann!

Wenn wir diese verschiedenen Denk-Ansätze betrachten, dann wird uns klar, daß die Gehirn-Forscher immer nur einzelne Teile eines gigantischen Puzzles finden. Manche dieser Teile scheinen sich direkt zu widersprechen:

A: Gedächtnis ist unspezifisch (LASHLEY) versus
B: Gedächtnis ist sehr wohl spezifisch (PENFIELD)!
A: Gedächtnis besteht aus elektrischen Aktivitäten (ECCLES) versus
B: Es kann nicht aus elektrischen Schwingungen bestehen (GLEES).
A: Gedächtnis beim Menschen ist im Kortex lokalisiert (wo PENFIELD einzelne Gedächtnis-Inhalte per Elektrode "fand") versus
B: Gedächtnis könnte im Hippocampus "aufbewahrt" werden, denn ohne Hippocampus ist kein LZG möglich.

Wer sich einmal mit den Ergebnissen der "neuen" Physik befaßt hat – dort hat sich der Paradigmen-Wechsel (nach KUHN[21]) nämlich bereits ... vollzogen –, kennt ähnliche Paradoxa. (Ist der Elektronenpartikel nun eine Welle oder ein Materie-Teilchen?) Noch sucht die Physik nach einer vereinheitlichten Feld-Theorie, aber nicht nur die Physik!

Interessante Aspekte auf dem Gebiet der Gedächtnis-Forschung bietet der nächste Denkansatz:

Das Gedächtnis – ein Hologramm?
Verschiedene Autoren haben darauf hingewiesen, daß der Mensch seine Gehirn-Analogien immer aus dem derzeit letzten Stand der Technik schöpft. Als das Telefon erfunden war, schien das Gehirn einer immensen Telefon-Zentrale zu gleichen. Als der Computer erfunden war, kamen die Computer-Vergleiche. Wiewohl das Prinzip der Holografie schon Ende der vierziger Jahre von GABOR erfunden wurde, begann dieses Prinzip erst durch den Laser praktikabel zu werden, so daß die Hologramm-Analogie einige Jahrzehnte auf sich warten ließ. Wenn wir nämlich eine Fotografie mit einer holografischen Abbildung vergleichen, so stellen wir gewisse Unterschiede fest: *Erstens* ist das Foto eine zweidimensionale (flache) Abbildung, während das Hologramm dreidimensional (plastisch) ist. Des weiteren kann man um ein Hologramm herumgehen (wie um das Original), um es von allen Seiten zu betrachten! *Zweitens* enthält jeder Teil einer fotografischen Platte jeweils nur einen Teil des Bildes. Zerbricht man die Platte in der Mitte,

---

[21]KUHN, T.: *The Structure of Scientific revolutions*, Chicago, 1970 (*dt.: Die Struktur wissenschaftlicher Revolutionen*, Frankfurt, 1978)

so enthält jede Hälfte hinterher nur das halbe Bild. Im Gegensatz dazu enthält jeder Teil der holografischen Platte das gesamte Bild. Zerbricht man die Platte mehrmals, so enthält jeder Teil der Platte trotzdem jeweils das ganze Bild. (Werden die Plattenstückchen ziemlich klein, dann wirkt die Abbildung etwas undeutlicher; ist aber noch ganz zu sehen).

Drittens: Die Fotoplatte enthält eine Ab-*Bild*-ung, wenn auch im Negativ (helle Stellen auf dem Foto sind auf der Platte dunkel). Die holografische Platte hingegen enthält gar kein Ab-*Bild*! Auf ihr befinden sich sog. Interferenz-Muster. Diese erinnern an die Wellenlinien, wie man sie auf dem Wasser sieht, wenn man mehrere Steinchen gleichzeitig in den See wirft. *Viertens:* Auf der holografischen Platte kann man Hunderte, ja Tausende von Hologrammen speichern, während die Fotoplatte immer nur *ein* Bild enthalten kann!

Wollen wir uns diese Unterschiede, auf das Gedächtnis bezogen, noch einmal ansehen. Wir beginnen mit dem letzten Punkt:

Zum vierten Punkt: Dieses kleine menschliche Gehirn kann mehr Informationen speichern als der größte Computer!

Zum dritten Punkt: Auch das Gehirn scheint keine Ab-*Bild*-ungen zu beinhalten: Ihr Gehirn trägt keine Bilder von kleinen Menschen herum, keine Gebäude, keine Gemälde etc., an die Sie sich jedoch exakt erinnern können!

Zum zweiten Punkt: Jetzt können wir das LASHLEY-PENFIELD-Paradoxon auflösen: Wenn Informationen gleichzeitig in allen Teilen der (beteiligten) Gehirn-Areale gespeichert werden, dann konnte das Abtragen einzelner Kortex-Stellen bei LASHLEYs Tieren keinen Erinnerungs-Verlust herbeiführen. Andererseits ist dieselbe Information an zig Stellen im Gehirn tatsächlich "vorhanden" (in einer Art von Interferenz-Muster?), so daß PENFIELD einzelne Erinnerungs-Inhalte (auch mehrmals hintereinander) "finden" konnte!

Zum ersten Punkt: Natürlich sind unsere Erinnerungen "plastisch", sonst hätten wir ja das Gefühl, in einer zwei-dimensionalen Welt zu leben. Auf der anderen Seite befindet sich der weitaus größte Teil unserer "Realität" in unserem Gedächtnis, z.B. die "Realität" eines beständigen "Ich", eines "Selbst". Ohne Gedächtnis wären wir uns vielleicht nur ständig wachsender Eindrücke, von innen wie außen, bewußt. (Meinten die alten Hindus das, als sie sagten, alles sei Illusion?)

Wir sehen also, daß die Analogie mit dem Hologramm bereits viele widersprüchliche Versuchs-Ergebnisse vereinbaren kann!

Der Frust–Lust–Faktor

Was (hier) noch nicht zur Sprache kam, ist ein anderes Paradoxon: Ist Lernen nun eine lustbetonte oder aber eine frustrierende Tätigkeit? Ich habe (in diesem Buch, wie auch) an anderer Stelle[22], bereits dargelegt, daß Lernen zunächst ein reiner Überlebensmechanismus ist und daher mit Lust verbunden sein muß! (Vgl. Kinder) Aber man kann es sich m:E. heutzutage nicht leisten, ein Gehirn-Muffel zu sein! Denn zum einen zwingt uns die fortschreitende Technik im Berufsleben ständig weiterzulernen: Ein Fachmann, der 1905 sein Diplom bekam, war ca. 30 Jahre lang Fachmann; einer, der heute sein Diplom bekommt, ist schon nach ca. 5 Jahren hoffnungslos out-of-date, wenn er nicht ständig weiterlernt! Zum anderen wird die zunehmende Arbeitszeitverkürzung immer mehr Menschen mehr Freizeit geben, so daß jeder einzelne die Möglichkeit *hätte,* sich auf allen möglichen Gebieten weiterzubilden, wenn er Lernen (wieder) mit Lust verbinden könnte.

---

[22] *Freude durch Streß, mvg-verlag, Landsberg am Lech, 11. Auflage 1998*

ANHANG TEIL 2:

LÖSUNGEN

I. Vorschlag zu Kap. 3: PEG-Liste; Nachrichten AFN

2. Umfrage/Kongress - **Schwan**

DAS BILD: Ein **Schwan fliegt** durch den Kongress. Er hält ein **Mikrophon** im Schnabel: dort Umfrage ...

3. Umfrage/New York - **Pyramide**

DAS BILD: Eine **Pyramide**, die nach allen Seiten **Mikrophone** "sprießt", startet unter der **Liberty-Statue** und rollt stadteinwärts auf die **Bürger** zu, die auf der Straße befragt werden.

4. Geldnot im US-Haushalt - **Koffer**

DAS BILD: Ein **Koffer** voller **amerikanischer Münzen**, die jedoch **herausfallen** (wie ein Wasserfall), so daß nur ein einzelner **Dime** (also ein 10-Cent-Stück) übrigbleibt.

5. Cruise-Missiles NL - **Hand**

DAS BILD: Eine **Hand**, aus der die **Cruise Missiles** auf **holländischen Boden** (Holland auf der **Europa-Karte**) fallen.

6. Margaret Thatcher - Dublin - **Elefant**.

DAS BILD: **Frau Thatcher** reitet auf einem **Elefanten** in **Dublin** ein, wird aber von den **Bürgern unfreundlich** (Gesichter, Drohgebärden) empfangen ...

II. Lösungen zu den Aufgaben aus Kap. 4

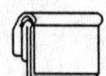 **Nr. 1: Das Armband**

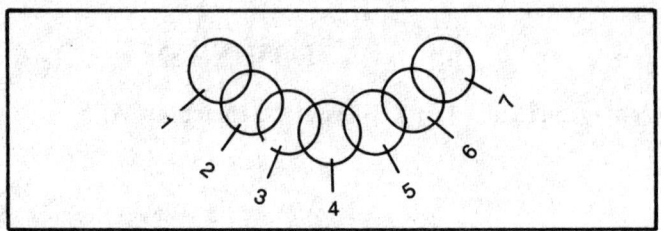

Angenommen, heute ist Montag. Nennen wir die Ringe 1, 2, 3, 4, 5, 6 und 7.
Sie zerschneiden den Ring Nr. 3. Die Verteilung ist wie folgt:

Montag	**Nr. 3** an Vermieter; bleiben Ihnen Nr. 1 + 2, 4 + 5 + 6 + 7
Dienstag	**Nr. 1 + 2** an Vermieter; Nr. 3 zurück an Sie
Mittwoch	**Nr. 3** an Vermieter; bleiben Nr. 4 + 5 + 6 + 7
Donnerstag	**Nr. 4, 5, 6 + 7** an Vermieter; Nr. 1 + 2, 3 zurück an Sie
Freitag	**Nr. 3** an Vermieter; bleiben Nr. 1 + 2
Samstag	**Nr. 1 + 2** an Vermieter; Nr. 3 zurück an Sie
Sonntag	**Nr. 3** an Vermieter; Sie haben keinen
Montag	**Sie zahlen und bekommen alle sieben Ringe zurück.**

 Nr. 2: Der Nußkuchen

Erster Schritt: quer! Ergibt 2 Stück. Zweiter Schritt: Durch die Mitte. Ergibt 4 Stück. Jetzt eine Hälfte auf die andere legen und noch einmal halbieren. Ergibt 2 x 4 = 8 Stück!

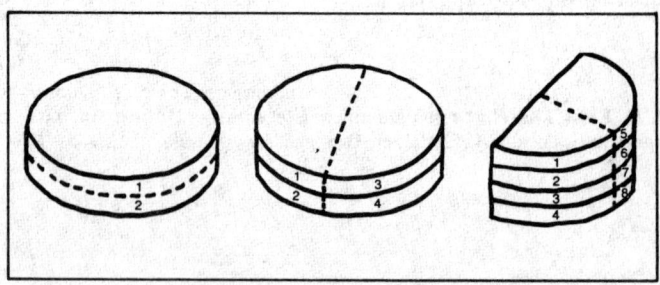

Nr. 3: Die Billardkugeln

Falls Sie hier nachsehen wollen, werden Sie enttäuscht! Wenn Sie es nicht schaffen sollten, die Kugeln vor Ihrem geistigen Auge zu sehen, dann zeichnen Sie jede Anweisung! N.B.: Die meisten Menschen haben nur sehr vage Vor-Stellungen, aber die reichen! Eine Vor-Stellung ist nicht so klar wie ein Foto oder ein Fernsehfilm! Trotzdem reicht das vage Bild unserem Gehirn vollkommen, wenn wir lernen, diesem "blassen Abbild" zu vertrauen! Ähnliche Übungen können Sie alleine machen, z.B. vor dem Einschlafen! Nehmen Sie Blumen, Vögel, Autos – was immer Sie interessant finden – und schieben Sie erst 3 – 5, später auch 7 Objekte vor Ihrem geistigen Auge hin und her ...

Nr. 4: Kaputtes Treppenhaus

Wenn Sie sich die Situation wiederum vor-stellen, dann wird Ihnen klar, worum es geht! Alle Leute, die hinauffahren und zu verschiedenen Stockwerken wollen, müssen auch wieder hinunter! Wenn Sie also die Knöpfe im Lift vor Ihrem geistigen Auge sehen, dann sehen Sie auch, daß alle, die hinunter wollen, E (für Erdgeschoß) drücken werden!

Nr. 5: Das Sprachrätsel

(ZITAT HOCHKEPPEL):

Erschließen wir den zweizeiligen eborischen Text Schritt für Schritt! In der ersten Zeile fällt in den zwei längsten Wörtern der Stamm *wawras*, "gebären" auf. Das erste Wort können wir mit Hilfe des zweiten Zettels (mit den verschiedenen Suffixen oder Morphemen) konstruktiv zerlegen, ebenso das zweite:

> *wawras* (gebären), *nu* (Partizip), *ke* (Vergangenheit), *mbo* (Passiv), *ro* (Vokativ-Anrede), = geboren worden seiender, o du = **du Geborener**
>
> *wawras* (gebären), *nu* (Partizip), *ke* (Vergangenheit), *tla* (Reverenz-Partikel) geboren habende (ehrwürdige, verehrungsvoll angesprochene oder erwähnte)
> = **ehrwürdige Mutter**

Wir wissen ferner vom ersten Zettel, daß *fri* "ich" und *grito* "dein" heißt.

Kehren wir diese Bildungen um, dann dürfte *frito* "mein" heißen:

> *frito wawrasnukemboro* = du mein Geborener, du mein Sohn.

Nun bleibt für die erste Zeile noch das Wort *höpaske* übrig. *höpu*, so wissen wir, heißt "Wort". Da die Endung *as* offensichtlich verbalen Charakter hat, dürfte *höpas* soviel heissen wie "reden, sprechen".

> *höpas* (sprechen), *ke* (Vergangenheit) = **redete, sprach.**

Die erste Zeile unseres kleinen eborischen Verses lautet also:

Du mein Sohn, sprach die ehrwürdige Mutter.

Spätestens zu diesem Zeitpunkt ist es den Assistenten Dr. Niegenugs (und wohl auch Ihnen) klar, daß der Verstorbene eine stilisierte eborische Übersetzung des Struwwelpeterverses: *Konrad! sprach die Frau Mama, ich geh aus und du bleibst da!* unternommen hatte. (Ende Zitat)

PROTOKOLL
Gehirn-Training

Hier ist die Protokoll-Seite, die Sie fotokopieren und
regelmäßig einsetzen können.

Datum:

_____ 198___

☐ TV-Gedächtnis-Übung
☐ Lese-Übung

Frage 1:
Wieviel Prozent der Informationen hatten Sie beim ersten Mal (ungefähr) notiert?

☐   1 0
☐   2 0
☐   3 0
☐   4 0
☐   5 0
☐   6 0
☐   7 0
☐   8 0
☐   9 0   oder mehr

Frage 2:
Wieviel Prozent der Informationen hatten Sie beim zweiten Mal (ungefähr) notiert?

☐   1 0
☐   2 0
☐   3 0
☐   4 0
☐   5 0
☐   6 0
☐   7 0
☐   8 0
☐   9 0   oder mehr

ANHANG 3

Literatur

Achtung:
Alle Titel mit einem Sternchen (*) können von jedem interessierten Laien gelesen werden. Außerdem gilt die internationale Regelung: Buchtitel in Normalschrift, Titel von Artikeln werden hingegen in *Kursiv*-Schrift angegeben.

BAKER, S. S.
Your Key to Creative Thinking, Bantam Books, 2. Aufl., New York, 1968

BATESON, G.
Ökologie des Geistes, Frankfurt/Main, 1981

BIRKENBIHL, V. F.
- *What's in a Name You Can't Remember?* in: Phil. Lit. Nr. 2, St. Louis, USA, 1969
- *Brainstorming for One*, in: Phil. Lit. Nr. 2, St. Louis, USA, 1969
- *Gehirn und Gedächtnis*, in: Enzyklopädie Naturwissenschaft und Technik, Jahresband 1983, Landsberg, 1983
* Freude durch Streß, 5. Aufl., Landsberg, 1983
- *Gegen das Tempo-Limit beim Lesen*, in: Management Wissen, März 1984
* Signale des Körpers, 13. Aufl., Landsberg, 1998
- Erfolgstraining, 9. Aufl., Landsberg, 1997
* Sprachenlernen leichtgemacht, 19. Aufl., Landsberg, 1998
* Stichwort: Schule, 12. Aufl., Landsberg, 1997
* Kommunikationstraining, 19. Aufl., Landsberg, 1997
- Sprache als Instrument des Denkens, 3. Aufl., Odelzhausen, 1987

BLAKEMORE, C.
Mechanics of the Mind, Cambridge, 1977

BLAKESLEE, T.R.
 * Das rechte Gehirn, Freiburg, 1982[1]
BOCHOW, Peter/WAGNER, Hardy
 * Suggestopädie (Superlearning), Speyer, 1986
BUZAN, T.
 Kopftraining, München, 1984
 Nichts vergessen, München, 1987
CALDWELL, Taylor
 Eine Säule aus Erz, München 1982; leider vergriffen
CAMPBELL, H. J.
 * Der Irrtum mit der Seele, München, 1973
CAPRA, F.
 * Wendezeit, Bern, 1983
 * Das neue Denken, Bern, 1987
 Das Tao der Physik, Bern, 1984
DELGADO, J. M. R.
 * Gehirnschrittmacher, Frankfurt, 1971
ECCLES, J.
 – Das Gehirn des Menschen, 4., völlig überarbeitete und erweiterte
   Neuauflage, Springer, 1979
 – The Human Mystery: The Gifford Lectures, Springer, 1979
ECCLES/POPPER: siehe **POPPER**
EDWARDS, B.
 * Garantiert zeichnen lernen, Reinbek b. Hamburg, 1982
FAIR, Ch. M.
 Das fehlprogrammierte Gehirn, München, 1971
FERGUSON, M.
 Die sanfte Verschwörung – persönliche und gesellschaftliche
 Transformation im Zeitalter des Wassermanns, 3. Aufl., Basel, 1983
GALLWEY, T.
 Tennis und Psyche: das innere Spiel, München, 2. Aufl., 1982
GARDER, M.
 Logik unterm Galgen, 2. Aufl., Braunschweig, 1980
GAZZANIGA, M.
 The Split Brain in Main, in: Perception, Mechanisms and Models
 (Hrsg.: HELD), San Francisco, 1972
GEUEEN, H. (mit MOSCOW, A.)
 Manager müssen managen, mvg-verlag, Landsberg, 1990
 (Es gibt eine *Kassette* in der Reihe *Mi-Audiothek*)

---

[1] Leider zum jetzigen Zeitpunkt immer noch vergriffen; aber je mehr Leute nachfragen, desto eher wird das Buch wieder aufgelegt. Es ist hervorragend!!

GERKEN, G.
Der neue Manager, Freiburg, 1986
HOCHKEPPEL, W.
Denken als Spiel, dtv, Stuttgart, 1977; leider vergriffen
HOFSTADTER, D. R.
Gödel, Escher, Bach. Ein endloses geflochtenes Band, Stuttgart, 1986
HOLLER, J.
Das Neue Gehirn, Südergellersen, 1989
HOLT, J.
– How Children Fail, New York, 1967
– The Underachieving School, New York, 1969
HOOPER, J./TERESI, D.
Das Drei-Pfund-Universum, Düsseldorf, 1986
HUTCHISON, M.
Megabrain, Basel, 1989
HUNT, M.
Das Universum in uns, München, 1984
JAYNES, J.
– The Origin of Consciousness in the Breakdown of the Bicameral
Mind, Boston, 1976
– Der Ursprung des Bewußtseins durch den Zusammenbruch der
bikameralen Psyche, Reinbek b. Hamburg, 1988
LEARY, T.
Neuropolitik, Basel, 1981
LEVY, J.
Psychobiological Implications of Bilateral Asymmetry, in: Hemisphere
Function in the human Brain (Hrsg.: DIMOND/BEAUMONT), New York,
1974
LOZANOV, G.
Suggestology and Outlines of Suggestopedy, New York, 1977
LURIA, A. R.
The Working Brain, London, 1973
LUTZ, R.
Die sanfte Wende – Aufbruch ins ökologische Zeitalter, München,
1984
MacLEAN, P.
– *The Limbic System („Visceral Brain“) in Relation to Central Gray
and the Reticulum of the Brain Stem,* in: Psychosom. Med., 17
(1955), S. 355–366
– The Triune Brain, Emotion, and Scientific Bias, in: SCHMITT (Hrsg.):
The Neurosciences Second Study Program, New York, 1970

MARFELD, A. F.
  * Kybernetik des Gehirns, Reinbek b.Hamburg, 1973
MILLER, A.
  Am Anfang war Erziehung, Frankfurt, 1981
NAISBITT, J.
  Megatrends, München, 1985
ORNSTEIN, R.
  * Die Psychologie des Bewußtseins, Frankfurt, 1976
ORNSTEIN, R./THOMPSON R.F.
  * Unser Gehirn: Das lebendige Labyrinth, Reinbek, 1986
OSTRANDER/SCHROEDER
  Leichter lernen ohne Streß (Superlearning), 3. Aufl., München, 1980
  (inzwischen auch als Taschenbuch erhältlich)
PEARCE, J. C.
  Der nächste Schritt der Menschheit, 1994
PETERS, J./WATERMAN R, H. jun.
  * Auf der Suche nach Spitzenleistungen, mvg-verlag, München, 3. Aufl.
  1991 (Es gibt auch eine *Kassette* in der Reihe *Business zum Hören*)
POPPER, K. R./ECCLES, J.
  Das Ich und sein Gehirn, Frankfurt, 1982
RESTAK, R. M.
  - The Brain – The Last Frontier, New York, 1979
  - Geheimnisse des menschlichen Gehirns, mvg-verlag, München, 1989
ROGERS, N.
  Frei reden ohne Angst und Lampenfieber, mvg-verlag, München, 1992;
  leider vergriffen
ROHRACHER, H.
  Die Arbeitsweise des Gehirns und die psychischen Vorgänge, 4. Aufl.,
  Joh. Ambrosius Barth Verlag, 1967
RUSSEL, B.
  Das ABC der Relativitätstheorie, Reinbek b.Hamburg, 1972
RUSSEL, P.
  - Buch: Die erwachende Erde, Heyne, 1984
  - Videofilm dazu; Informationen bei Lichtblick, Theodor-Heuss-
    Ring 26, 5000 Köln 1, Telefon 0221/12029
SCHIRM, R.W./SCHOEMEN, J./WAGNER, H.
  * Führungserfolg durch Selbsterkenntnis - das Struktogramm als
    Instrument der Persönlichkeitsanalyse, 5. Aufl., Speyer, 1987
SCHNEIDER, W.
  * Wörter machen Leute, Reinbek b.Hamburg, 1986
  * Deutsch für Profis, Reinbek b.Hamburg, 1986
  * Unsere tägliche Desinformation, Reinbek b.Hamburg, 1987

SHELDRAKE, R.
Das Gedächtnis der Natur, Bern, 1992
SPERRY, R. W.
Hemisphere Disconnection and Unity in Conscious Awareness, in:
American Psychologist 23, 1968
SPERRY, R. W./GAZZANIGA, M. S./BOGEN, J. E.
Interhemisphere Relationship, the Neocortical Commissures,
Syndromes of Hemisphere Disconnection, in: Handbook of Clinical
Neurology (Hrsg. INKEN et al.), Amsterdam, 1969
TAYLOR, G. R.
* Die Geburt des Geistes, Frankfurt, 1979
TOFFLER, A.
- Zukunftsschock, München, 1973; leider vergriffen
- Die Zukunftschance, München, 1980; leider vergriffen
VESTER, F.
Denken, Lernen, Vergessen, München, 1996
WAGNER, H.
* Persönliche Arbeitstechniken, 2. Aufl., Speyer, 1987
* Struktogramm-Analyse, 2. Aufl., Speyer, 1986
WATSON, L.
Der unbewußte Mensch, mvg-verlag, Landsberg, 1989
WATTS, A.W.
- Im Einklang mit der Natur - der Mensch in der natürlichen Welt
  und die Liebe von Mann und Frau, München, 1981
- Dies ist es, und andere Essays über Zen und spirituelle Erfahrung,
  2. Aufl., Basel, 1981
- Psychotherapie und östliche Befreiungswege, Kösel, München, 1980
- Die sanfte Befreiung, München, 1968[2] (Neu-Auflage)
- The Way of Zen, 1957
- Psychotherapy East and West, 1962
WATZLAWICK, P./BEAVIN, J.H./JACKSON, D.
- Menschliche Kommunikation: Formen, Störungen, Paradoxien,
  6. Aufl., Stuttgart, 1982
- Lösungen, 2. Aufl., Huber, Bern, 1979
WHORF, B.
Sprache, Denken, Wirklichkeit, Reinbek b.Hamburg, 1984
WOOLRIDGE, D.
The Machinery of the Brain, New York, 1963

---

[2] Dies ist sein zweites Buch gewesen, welches er im Alter von nur 24 Jahren schrieb!

Nachwort des Herausgebers zur 22. Auflage

1981 erhielt der amerikanische Wissenschaftler Roger Sperry den Nobel-preis für seine bahnbrechenden Forschungen über die unterschiedlichen Funktionen der beiden durch den Balken getrennten Großhirn-Hälften, der „rechten und der linken Hemisphäre". Diese Erkenntnisse sind nicht nur Gegenstand nobelpreis-trächtiger wissenschaftlicher Untersuchungen, son-dern haben auch Auswirkungen in Modellen und Konzepten mit sehr prak-tischen Anwendungs-Möglichkeiten. Zum Thema des vorliegenden Buches bieten wir – z. B. für Autofahrer – ein dreiteiliges Kassetten-Programm von Vera F. Birkenbihl an: „Vom Gehirn-Besitzer zum Gehirn-Benutzer". Kom-biniert mit diesem Buch stehen diese 3 Audio-Kassetten als Geschenk-Package zur Verfügung.

Schon seit Jahren weist unsere Erfolgs- und Mehrfach-Autorin Vera F. Birkenbihl in ihren Seminaren und Publikationen auf die Bedeutung hin, die dem Einsatz der unterschiedlichen Fähigkeiten beider Gehirn-Hälften beim Lernen und Arbeiten zukommt. Bahnbrechend hierfür war das vorlie-gende Buch mit dem bewußt provozierenden Titel „Stroh im Kopf?", das wir seit 1983 nunmehr in 22. Auflage vorlegen. Das im vorliegenden Band veröffentlichte, treffende Beispiel der Autorin vom „Einbein, Zweibein, Dreibein und Vierbein" wird von einer ständig zunehmenden Anzahl von Trainern und Lehrern immer wieder gern und mit Erfolg zur Demonstra-tion der Bedeutung des bildhaften Visualisierens als Ergänzung des ratio-nalen Denkens benutzt. Dies unterstreicht zugleich den großen Bekannt-heits- und Beliebtheitsgrad dieses GABAL-Buches.

Wir freuen uns sehr, daß unsere Aktivitäten zur Thematik effizienteren, d. h. aktiven und zugleich „menschen-gerechteren" Lernens einerseits und mit dem Ziel besserer Selbstkenntnis, Kommunikations-Fähigkeit und op-timalem Zeit- und Selbstmanagement andererseits auf eine zunehmende Resonanz stoßen.

Wir wünschen allen Lesern des vorliegenden Bandes viel Freude bei der Lektüre der erfreulicherweise recht eigenwilligen – nämlich „gehirn-ge-rechten" – Darstellung. Die Zielsetzung der Autorin ist, dazu beizutragen, daß unsere Leser sich zunehmend „vom Gehirn-Besitzer zum Gehirn-Be-nutzer" entwickeln. Dies entspricht voll der Zielsetzung der gemeinnützi-gen GABAL und den Intentionen des GABAL-Verlags und seines Heraus-gebers.

Speyer, im Frühjahr 1995   **Hardy Wagner**
                                                    – Herausgeber –

Mehr Birkenbihl lesen/hören/sehen?

Wiewohl viele Bücher, Tonkassetten und Videos der Autorin bei der modernen verlagsgesellschaft (mvg) erschienen sind, gibt es noch einige Titel bei anderen Verlagen. Ja, es gibt sogar einige **Ton- & Video-Kassetten** für Birkenbihl-Fans (für Insider!), die man im offiziellen Buchhandel überhaupt nicht erwerben kann. Nur bei **birkenbihl-media** direkt. Interessiert? Dann fordern Sie bitte das Gesamt-Verzeichnis an. Postkarte oder Fax genügt, an:

birkenbihl-media
Bergisch-Gladbach
Tel.: 0 18 05 - 86 98 69

Oder möchten Sie die Autorin einmal hören/erleben?

Birkenbihl live

Zwar sind die meisten Veranstaltungen der Autorin firmenintern bzw. Vorträge auf großen Kongressen, aber einmal im Jahr, im Juni, veranstalten wir einen Birkenbihl-Tag zum Thema Selbst-Management. Wenn Sie dabeisein wollen: Mit einer Postkarte (oder einem Fax) erhalten Sie Informationen:

mvg-verlag im verlag moderne industrie AG
Seminarleitung
86895 Landsberg am Lech
Telefon: 0 81 91/1 25-4 64
Telefax: 0 81 91/1 25-4 04

Stichwortverzeichnis

Notizen

Notizen

Notizen